나를 변화시킨 건
동네 작은 도서관이었다

함께 변화하는 대화도서관

한준섭 · 이용택 · 백귀종

박영사

이 책은 고양시에 위치한 공공도서관인 대화도서관이 '디지털 특화' 미래도서관의 모습으로 변모하기 위해 공간과 콘텐츠에 변화를 주어 지역 주민 간의 정보 격차 해소는 물론 시끄러운 도서관이 된 이야기를 담은 현장 사례이다.

    지금까지 공공도서관은 지역 주민 사이의 정보 격차를 줄이는 특별한 공간으로서의 기능을 해왔다. 하지만 100년 동안의 변화가 7년 안에 진행되는 초스피드 시대가 되면서 도서관도 변화의 필요성이 절실해졌다.

    대화도서관은 고양시 대화역 근처에 위치해 있으며 1일 이용자 1,650명, 연간이용자 30만 명으로 지역 사회에 정보를 제공하는 공간이다.

    하지만 유익한 정보를 전달하는 곳이 맞는가에 대해서 반문을 한다면 한 가지 사례만 들어도 알 수 있다. 신문, 잡지, 월간서적 등의 정보가 있던 도서관의 1층 정보간행물실은 어린 친구들의 스마트폰 사용으로 인해 외면당했으며 간간이 나이 드신 분들의 쉼터로서의 역할만 하고 있는 상황이다.

    대화도서관은 시대적 변화에 능동적으로 대처하며 '개방과 공유', '미래 콘텐츠 교육', '공간의 혁신'이란 핵심 가치 아래 지역 사회 주민들이 '책'을 매개로 하여 미래 지식을 쌓아 나갈 수 있는 다양한 프로그램을 통해 많은 도서관의 선망의 모델이 되는 것에 뜻을 모았다.

    미래의 도서관은 공유 및 협업공간이자 책을 통해 미래를 경험할 수 있는 공간으로 변해야 한다. 즉, 조용하고 딱딱한 도서관의 이미지에서 책과 기술의 다양한 지식을 공유하며 재미있는 창의 공간으로 탈바꿈해야 한다는 것이다.

    4차산업혁명으로 정보의 다양성은 더 많아졌으며 이러한 최신 정보를 제공하지 못하는 전국 공공도서관의 이용자가 현저하게 줄어들고 있다는 것은 최근 도서 대출자 수의 현격한 감소만 보더라도 쉽게 알 수 있다.

    대화도서관 사서들은 이러한 혁신의 필요성을 감지하고 다각적인 방향으로 변모하는 데 뜻을 함께하였다.

머리말

먼저 미국 도서관이 공간 혁신을 통해 4차산업 신기술을 어떻게 도입하였는지 조사를 하였으며, 그에 맞춰 도서관 공간을 어떻게 혁신했는지 주목하였다.

미국 도서관은 변화를 통해 전 연령대의 지역 주민이 도서관이라는 공간에서 정보 격차를 해소하고 있다.

하지만 대화도서관이 이 혁신적인 미국 모델을 그대로 도입할 수는 없었다.

대화도서관이 가진 강점과 방향성에 맞춰 나갈 필요가 있었기 때문이었다. 아울러 도서관의 물리적인 공간 혁신을 해야 했고, 그 공간에 필요한 책과 4차산업의 기술이 접목된 혁신적인 콘텐츠가 필요했다.

이러한 고민과 노력 끝에 탄생한 것이 '림스 프로젝트(RIMS Project)'이다.

RIMS는 책을 다양하게 읽고(Read), 아이디어를 통해(Ideated), 직접 책에 있는 물건들을 만들며(Make), 이렇게 만들어진 제품을 나눌 수 있는(Share) 프로젝트를 말한다.

책을 다양하게 읽는다는 것(Read)은 시대의 변화에 따라 읽는 것도 변모되고 있다는 것이다. 사운드북, 영상미디어, 독서로봇, AR 스토리체험, 이북 등 미래도서관에 맞게 책을 읽는 상황을 만들어 주어야 한다는 것이다.

다양한 읽기를 통해 깊이 있는 이해와 공감을 하였다면 메이킹 활동이 진행될 수 있도록 다양한 키트를 통해 인물, 상황, 감정, 배경을 연계하는 사고 활동을 하는 상상(Ideated)의 단계로 넘어가야 한다. 책을 통해 등장인물에 대한 깊은 감정을 가지게 되었다면 그 등장인물을 직접 만들어 볼 수 있다. 또한 책에서의 다양한 소재 중 소유하고 싶은 것을 선택하여 자신에게 맞게 기획해 보는 활동도 할 수 있다. 책의 이야기 속 문제 상황을 발견하고 문제해결을 위한 자신만의 상품에 가치를 담아 기획해 보는 활동이다.

메이크(Make) 활동은 크게 디지털메이킹과 소프트메이킹, 그리고 스토리메이킹 등 크게 3가지로 분류할 수 있다. 먼저 디지털메이킹은 3D프린터, 레이저커터, IoT 등 디지털 제작 장비를 활용한 메이킹 활동이다. 소프트메이킹은 엔트리, 스크래치, 퓨전360 등의 다양한 코딩 언어를 활용하여 디지털 기반의 메이킹 활동을 말한다. 스토리메이킹 활동으로는 웹툰 및 도서 속 내용을 만화나 영상으로 콘텐츠를 제작해 보는 메이킹 활동을 뜻한다.

Share는 림스 프로젝트의 중요한 활동으로 다양한 창작물 등을 공유하는 활동이다. 도서관 내 포트폴리오를 전시할 수 있고, 유튜브 영상 및 사진을 촬영하여 창작품을 표현할 수 있으며, SNS를 통한 창작물 공유를 하여 메이킹과정과 창작 작품을 표현하고 공유하는 활동이다.

림스 프로젝트는 미래 디지털 도서관에서의 콘텐츠를 가장 잘 구현한 것이다.

이를 실천하기 위해 먼저 도서관의 공간 변화가 필요했다.

1층 정보간행물실을 '메이커스페이스'로 변화시켰으며, 2층은 '웹툰스토리창작실'을 통해 소프트메이커 교육의 필요를 충족시켰다.

매점 형태로 되어 있던 지하는 '디노스페이스'로 완전 새롭게 변화시켜 동아리 모임 및 소모임 등을 할 수 있는 공간으로 바꾸었다.

문체부의 지원을 받아 '유튜버 양성을 위한 스튜디오창작실'을 오픈하였고, 4층에는 4차산업 교육장을 만들어 많은 분들이 필요한 교육을 받을 수 있도록 하였다.

공간이 바뀌면서 도서관 이용자들의 반응이 높아져 기존에 도서관에서 운영해 오던 교육 프로그램을 전면 개편하기에 이르렀고, 4차산업과 신기술을 적용한 디지털 특화 교육이 시작되었다.

3D프린터, 로봇, 드론, VR/AR, IoT, 빅데이터, AI 교육 등 다양한 교육 프로그램이 개설되며 도서관은 빠르게 예약하지 못한 사용자들의 접수 요청 전화를 받느라 진땀을 뺄 정도로 매번 넘치는 이용자들로 북새통을 이뤘다.

무엇보다 어떠한 연령층도 소외되지 않도록 프로그램을 '어린이', '성인', '가족', '시니어' 등 카테고리로 나누어 설계했다.

공간과 프로그램의 혁신이 진행되며 대화도서관은 '디지털 특화' 미래도서관으로 변모되기 시작되었다.

머리말

　지역 사회의 숨어 있는 고수들을 찾아내기 위해 '메이커덕후사관학교'를 개설하였고 도서관메이커콘텐츠 개발 및 북&메이커 페어, 창업콘서트 등 다양한 프로그램도 실시하였다.

　도서관은 미래도서관으로의 추진을 위해 지역 사회 및 유관기관과의 협업 구축도 하였다. 고양교육지원청, 경기테크노파크, 고양청소년재단, 고려대, 중부대 등 다양한 기관들과 업무협약 체결을 통해 디지털 특화 도서관의 프로그램을 공유하였으며 고양시 브랜드 관광상품 협동조합, 고양인쇄문화소공인협의체, 글로브포인트 등 지역 사회 기관 및 기업들과 협업 시스템을 구축하였다.

　이러한 혁신 사례는 지역 주민에게 큰 호응을 받았으며 참석 숫자가 매년 증가하기 시작했다.

　2018년 500명의 주민이 프로그램을 참여한 것을 시작으로 2019년 3,000명, 2020년 3,200명, 2021년 3,300명, 2022년 3,500명 등으로 참여 인원수가 큰 성장세를 보였다.

　코로나19라는 위기 상황에서는 하이브리드 운영체제로 전환하여 '메이커드라이브스루' '온라인디지털교육' 등을 통해 무중단으로 교육이 이루어졌다.

　1년에 한 번씩 실시한 '북&메이커페스티벌'을 통해 책과 디지털의 조합을 이루는 경험을 지역 사회 주민들이 체험하게 하였으며, 직접 제작한 아이언맨 슈트를 입고 참여한 메이커의 등장은 어린이들과 부모들에게 큰 반향을 불러 일으키기도 하였다.

　대화도서관은 이렇게 '디지털 특화' 미래도서관으로 변화되었고, 계속 변해가고 있는 중이다. 언론 및 신문에 대화도서관의 다양한 소식이 전해지며 여러 지역 도서관들에서 벤치마킹하고자 직접 방문하기도 한다.

　'책'이라는 매개로 세상에 지식을 전달하는 공간에서, 이제는 미래의 지식 및 디지털 정보를 제공하여 지역 사회 정보 격차를 줄이는 공간으로 진화되고 있는 사례는 이제 고양시뿐만 아니라 다른 지역 사회에 중요한 요소가 되리라 생각한다.

대화도서관이 고군분투하며 만들어 냈던 공간 혁신 및 디지털 혁신 사례를 전달함으로써 아직도 다방면으로 고민하고 있을 여러 도서관의 사서분들, 새로운 전기를 마련하고자 자신의 변화를 위해 도서관에 방문하는 사용자들을 위해 사례 중심의 정보가 도움이 되기를 바라는 마음으로 책을 집필해 본다.

마지막으로 좋은 도서관 디지털 혁신 사례를 기꺼이 책으로 만들 수 있도록 해주신 박영사 출판 관계자분들께 진심으로 감사를 드리며, 대화도서관의 변화와 혁신을 위해 함께 혼신의 힘을 다해 주신 도서관 관계자분들, 공동집필을 위해 노력해 주신 고양시청 이용택 팀장님과 백귀종 주무관님, 그리고 도서관 현장에서 기획하며 교육하며 최선을 다해주고 있는 글로벌창업연구소의 임직원 분들에게 감사의 마음을 전한다.

2024. 03.

미래도서관을 꿈꾸는 한 사람,
한준섭 씀

추천사

안녕하세요.

공공도서관을 사랑하는 많은 고양 주민이 애용하는 대화도서관을 통해 작은 변화의 새싹이 움트고 있어 설레는 마음으로 글을 드립니다.

책보다는 디지털 문자에 익숙한 우리에게 마음의 양식을 쌓는 도서관은 현대인에게는 더욱 소중하게 다가오고 있습니다. 독서는 정신적 안정과 새로운 사고를 갖게 하는 역동의 역할을 하고 있습니다. 도서관은 우리 주민을 위한 안식처이면서 혁신의 물결을 주도할 수 있는 작은 공간으로 거듭나기를 바랍니다.

밀리의 서재처럼 디지털 도서관은 우리 곁에 벌써 다가와 함께하고 있습니다. 디지털 도서관은 우리의 삶 속에 자리 잡고, 우리와 함께 호흡하면서 다양한 경험을 우리에게 선사하고 있습니다.

고양시민 한 사람 한 사람이 새로운 경험과 지식을 공유할 수 있는 좋은 문화 공간이 고양에 생겨 더욱 뜻깊게 생각합니다. 우리의 혁신도서관이 선사하는 작은 선물을 고양 주민 한 분 한 분이 받으시고, 지식의 갈증을 해소하실 수 있도록 한 고양시 관계자 여러분께도 감사드립니다.

대화도서관은 고양시민의 마음 양식 저장소로 애용될 것으로 믿습니다. 독서를 통해 시민의 창의성과 융합적 사고가 발전하여 시에 좋은 결실을 맺을 것으로 믿습니다.

사랑하는 우리 고양시민의 든든한 정신 건강 저장소를 응원합니다.

박찬황(대한경영교육학회장)

이번에 출간하는 귀한 책 『나를 변화시킨 건 동네 작은 도서관이었다』의 출간을 진심으로 축하드립니다.

한준섭 저자는 공간 혁신 및 디지털 혁신 사례를 이용자들에게 잘 전달하여 '디지털 특화 도서관'이라는 도서관의 새로운 트렌드를 제시한 대화도서관을

중심으로 '도서관'이라는 공간이 우리 삶에 얼마나 많은 영향을 미치는지 잘 설명하고 있습니다.

저는 강동구청장 시절 '공간은 복지다'를 구호로 집에서 걸어서 10분 거리에 다다를 수 있는 북카페 다독다독, 영유아 커뮤니티인 아이맘 강동 등 공간복지 공간을 많이 조성한 바 있습니다. 대표적인 공간복지 공간이 바로 도서관입니다.

이제 도서관은 단순히 책을 읽는 공간이 아닙니다. 도서관은 4차산업 시대를 맞아 책과 디지털을 매개로 사람이 소통하고 창의적인 복합문화공간으로 거듭나야 하며 그 출발점이 대화도서관이라고 생각합니다.

공간이 사람을 바꿉니다. 공간이 바뀌면 아이들이 바뀌고 교육도 문화도 행복해질 수 있습니다. 모두가 행복해지고 우리의 삶도 바꿀 수 있는 제2, 제3의 대화도서관이 더 많이 건립되기를 기원하며 한준섭 작가의 책 출간을 마음으로부터 축하합니다.

이정훈(前 강동구청장)

세상의 이치는 새로워져야 할 때 새로워지지 않으면, 현재 가지고 있는 새로움도 유지할 수 없을뿐더러 급속하게 더 낡아진다. 한 단계 도약해야 할 때 도약하지 못하면, 지금 수준을 계속 유지할 수 없고 급속한 퇴락의 길을 걷게되어있다.

전통적인 도서관은 시대의 변화와 디지털 혁명으로 이용자가 현저하게 줄어들면서, 존폐의 기로를 맞이하고 있다. 이 책은 고양시에 위치한 공공도서관인 대화도서관이 '디지털 특화' 미래도서관의 모습으로 변모하는 과정의 이야기를 담은 현장 사례집이다.

기존의 도서관이 스마트폰에 익숙한 학생으로부터는 외면당하고, 지역 주민의 쉼터로 변질되어 가던 공간을, '개방과 공유' '미래 콘텐츠 교육' '공간의 혁신'을 핵심 가치로 내걸고 공간과 콘텐츠의 변화를 통하여 지역 주민 간의 정

추천사

보 격차의 해소를 넘어, 디지털 혁명을 도서관에 접목해 대단한 성공을 가져와 전국의 도서관 변화의 선봉으로 새로운 바람을 일으키고 있다.

우리에게 익숙한 방법으로는 우리의 한계를 뛰어넘을 수 없다. 고양에서 도전한 미래도서관은 따라 하기나 종속적인 사고를 뛰어넘어, 획기적인 변화를 시도한 사례다. 이 책은 도서관 관계자들은 물론, 학생, 직장인, 공무원, 일반인이 읽기를 권한다. 적지 않은 영감을 얻을 수 있다고 확신한다.

사람은 자유롭고 유연한 사고를 하지 않으면, 삶의 태도와 사유 구조가 한쪽으로 치우쳐 종속적인 삶을 살기 쉽다. 그러면 명분에 집착하고, 지적이기보다는 감각적이고, 실재보다는 도덕에 빠지며, 본질보다는 기능에 집중한다.

세계는 4차산업혁명으로 기존의 패러다임이 급속한 속도로 깨어지고, 새로운 변화의 물결이 현재와 미래를 주도하기 시작했다.

이 절박한 시점에 책과 기술을 결합한, 미래를 경험할 수 있는 신개념의 미래도서관을 통해, 3D프린터, 로봇, 드론, VR/AR, IoT, 빅데이터, 인공지능(AI) 교육 등 창의적 역할을 담당하게 되었다는 점은 획기적이다.

미래도서관에서 시도한, 책을 다양하게 읽고(Read), 아이디어를 통해(Ideated), 직접 책에 있는 물건을 만들며(Make), 이렇게 만들어진 제품을 나누는(Share) '림스 프로젝트(RIMS Project)'는 탁월한 전략으로 보인다.

종전의 것을 잘 유지 답습하는 것보다, 차라리 경쾌한 도전에 나서는 무모함이 더 의미 있다. 낡은 문법과 결별하여 새로운 문법으로 무장하고 변화를 추구하는 것은 참으로 의미 있는 일이다. 미래도서관은 '미리 온 미래'다. 지역 주민들과 학생이 많이 참여하고 활동하는 공간이 되기를 소망한다.

이 책을 출간하는 데 핵심 역할을 하신, 디지털 혁명을 한국에 소개하고 정착하는 데 선도적인 역할과 인공지능(AI) 분야의 최고수(最高手)이신 한준섭 회장님께 경의를 표합니다. 공동 저자이신 이용택님과 백귀종님에게도 축하의 말씀을 드립니다.

조평규(경영학박사, 前 단국대 석좌교수)

　한준섭 대표님으로부터 『나를 변화시킨 건 동네 작은 도서관이었다』의 추천사를 부탁받고 책을 읽어 보니 "아! 이게 미래도서관이구나"라는 감탄이 절로 나왔다.

　내용대로 도서관이 책을 보는 공간에서 앞으로 닥칠 새로운 세계를 체험하고 준비할 수 있는 공간으로 거듭난다면 우리나라의 미래가 밝아질 것이라고 확신한다.

　전국의 도서관 책임자와 이용자가 이 책을 접하고 벤치마킹해서 대한민국이 4차산업혁명과 디지털 심화 시대를 이끄는 선도 국가로 우뚝 서는 좋은 계기가 되기를 기대해 본다.

　그리고 미래도서관으로 자리 잡은 고양에 있는 "대화도서관"과 과천에 있는 "과천정보과학도서관" 등 전국에 있는 도서관 간의 선의의 경쟁도 앞으로 주의 깊게 관찰해 봐야겠다.

최재유(前 미래창조과학부 차관)

　"지역 도서관 활성화"는 정말 쉽지 않은 과제입니다. 이 책은 지역 친화적인 아이디어와 창의적인 액션 프로젝트를 통해 이 과제를 혁신적으로 해결한 성공 사례를 담고 있습니다. 이 책은 점점 원자화되고 차가워져만 가는 우리 공동체 사회에 따뜻한 희망을 줍니다. 꼭 한번은 가보고 싶은 도서관을 만들어낸 혁신가들과 지역 주민 모두에게 축하의 박수를 보냅니다.

현대원(서강대학교 메타버스대학원 원장)

추천사

도서관을 자주 이용하는 연령대가 있다. 특히 상급학교에 진학하려면 도서관을 자주 이용하기 마련이다. 필자도 고등학교 3학년 때 목포에 있는 문태고등학교 도서관을 자주 이용했다. 청소년 때 꿈이 소설가였기에 진학 공부보다 세계 명작소설을 읽는 재미에 빠져서 도서관을 자주 다녔다.

20년 넘게 알고 지낸 한준섭 지미션 대표가 『나를 변화시킨 건 동네 작은 도서관이었다』라는 책의 추천사를 의뢰했을 때, 세계일보 기자 시절 도서관을 뻔질나게 드나들었던 추억이 떠올랐다.

해양수산부를 출입하던 시절에 고 신길웅 차관이 필자를 만날 때마다 '한민족의 사표, 장보고 청해진 대사'라는 글을 쓰라고 강권했다. 신 차관의 권유로 장보고 대사의 책을 쓰겠다고 다짐하고 주말이면 영등포 도서관에서 살았다.

그 인연으로 『장보고를 알면 세계가 열린다』(1999), 『장보고의 글로벌 경영혁명』(2017) 등 장보고와 미디어 관련 저술을 6권 출판했다. 『장보고 그랜드 디자인』 등 공저도 2권이 있다. 이렇게 저술을 할 수 있었던 것은 도서관 덕분이었다.

고양시에 위치한 공공도서관인 대화도서관처럼 '디지털 특화 미래도서관'을 이용해 본 경험은 아직 없다. 그러나 우리 주변의 도서관에는 무인 책 반납기와 책 소독기, 전자책 열람 등 도서관의 일부 업무가 디지털화되는 추세이다.

최근의 추세는 책을 많이 보관하는 대형 도서관을 건립하는 것보다 쉽게 책을 읽을 수 있도록 동네 주변에 마을도서관 또는 작은 도서관들이 잇달아 개설되고 있다. 바람직한 현상이다. 소시민들이 동네 근처에 있는 지식의 보물창고인 도서관을 이용하면서 과거와 현재, 미래를 잇는 실타래를 풀어가면 어떨까? 바로 『나를 변화시킨 건 동네 작은 도서관이었다』에서 해법을 찾아보길 기원해본다.

황상석(장보고 아카데미 주임교수)

차례

PART

1

여기는 대화도서관입니다

PART

1

여기는 대화도서관입니다

1. 모두에게 열려있는, 여기는 대화도서관입니다

그림 1 고양시 대화도서관 전경

그림 2 대화도서관

　　일산 서구 대화역에서 도보로 10분, 성저공원 둘레길 끝자락에 도서관이 하나 있다. 2008년 고양시 주민들을 대상으로 개관한 공공도서관, 고양시립 대화도서관이다. 이 도서관은 지하 1층, 지상 4층 규모로 2022년 하반기 기준 149,079권의 장서를 보유하고 있다.

　　대화도서관의 이용자는 아주 다양하다. 성저공원을 거닐던 시민들이 자연스레 유입되기도 하고 인근 서구청을 방문한 시민들이 민원이 처리되는 시간

동안 지루함을 달래려 슬쩍 들러보기도 한다. 열람실이 개가식으로 운영되기 때문에 꼭 책을 대출하지 않더라도 부담 없이 들러 시간을 보낼 수 있는 것이다.

그림3 도서관으로 이어진 성저공원

그림4 둘레길과 이어진 도서관

성저 초등학교, 장성 중학교, 일산대진 고등학교를 비롯한 여러 개의 초중고 학교 학생들은 언제나 단골 방문객이다. 중간고사나 기말고사 같은 시험을 앞둔 때면 열람실에선 시험공부로 분주한 학생들이 삼삼오오 앉아있는 모습을 만나볼 수 있다. 이때가 되면 이용자들이 열람실을 이용하기 위해 대기표를 받고 몇 시간씩 줄을 서는 진풍경이 벌어지기도 한다. 도서관 주변에 밀집해있는 빌라, 아파트 단지의 주민들도 도서관의 주 이용객들이다. 주거지역 인근에 위치한 덕에 가족 단위로 도서관을 찾는 이들도 많다. 고양 시민이라면 유아차를 탄 영유아부터 어르신까지 연령에 상관없이 이곳을 이용하고 있는 셈이다. 이처럼 대화도서관은 모두에게 열려있다.

그림5 종합자료실

그림6 자료실 내부

그림7 종합자료실 북 큐레이션

그림8 열람 공간

책 읽는 사람들이 점점 줄어든다는 이야기, 그래서 출판 산업이 위기라는 이야기들이 매년 지치지도 않고 반복되지만, 그에 비해 책에 대한 접근성은 점점 좋아지는 듯하다. 어디서든 스마트폰만 있으면 전자책을 볼 수 있는 스마트한 시대가 펼쳐진 것도 그렇지만, 요즘은 개성 넘치는 큐레이션이 돋보이는 동네 서점들을 곳곳에서 만나볼 수 있기에 양질의 책을 실물로 접할 수 있는 기회도 확연히 늘었다.

이렇듯 책을 접하는 루트가 다양화된 시대에서도 공공도서관만이 가지고 있는 최대 장점을 찾자면 바로 '개방과 공유'라는 가치일 것이다. 대화도서관은 모든 이들에게 평등하게 열려있으

그림9 강좌 홍보 게시판

며 누구에게나 지식이 공유되는 공간이라는 점, 즉 개방과 공유라는 가치는 대화도서관이 개관할 때부터 최우선으로 지켜온 것이다. 물론 이를 두고 흔한 가치라 여기는 사람들도 있겠지만 대화도서관 구성원들은 이것이야말로 공공도서관이 실현할 수 있는 민주주의라는 공통된 믿음을 가지고 있다. 또 이를 실현함에 앞장서고 있음에 자부심을 느껴 왔다고 한다. 도서관이 단순히 책을 빌리고 반납하러 오가는 공간에 머무르는 것이 아

니라 지역 주민이 적극적으로 지식을 습득함으로써 한층 성장할 수 있는 경험의 공간이 되었으면 하는 것이 사서를 비롯한 대화도서관 구성원들의 가장 큰 바람이었기에 향후 계획을 세우는 데 있어 이 지점이 늘 기본 바탕이 되었다. 대화도서관이 어린이·청소년 및 성인과 노인층 모두가 즐길 수 있는 프로그램을 제공하는 지역 학습의 장이라는 역할을 할 수 있도록 구상한 것도 그래서이다.

그림 10 인문학 강의 홍보

그림 11 청소년 도서 큐레이션

어린이부터 어르신까지 누구도 소외되지 않고 참여할 수 있는 지역 학습의 장이 되자는 것이 대화도서관 설립의 기본 취지였기에 그간 도서관에서는 각 연령대별 맞춤형 프로그램들이 운영되어 왔다. 초등학생과 과학실험을 하는 '투모로우', 과학 및 영어학습을 위한 청소년 대상 동아리 운영, 그 밖에도 국·영·수 멘토링인 '대도멘토', 영어 인형극 동아리인 '체온' 6기 등이 어린이·청소년을 위해 마련되었다. 성인을 대상으로는 매달 유익한 인문학 강좌를 제공한다는 취지의 '열두 달 인문학당'이라는 인문학 강의가 열렸고, 60세 이상 어르신을 위해 '시니어 독서클럽'이 진행되기도 했다.

사실 대화도서관뿐만 아니라 모든 도서관의 본질적인 고민은 '어떻게 하면 더 많은 사람을 도서관에 오게 할 수 있을까'에 있다. 대화도서관은 일 평균 약 1,650명, 연간 534,600명의 많은 인원이 이용하는 지역도서관이 되었으니 이들이 나름의 답을 찾아온 것이라고 할 수도 있었다. 하지만 2018년을 기점으로 대화도서관은 또 한 번의 분기점을 맞이하게 되었다.

2. 변화에 대처하는 사람들의 자세

2018년은 대화도서관이 개관한 지 꼭 십 년이 되는 해였다. 도서관 운영은 이미 안정화되어 지금껏 해온 대로만 하더라도 크게 문제 될 것이 없는 상황이었다. 하지만 대화도서관의 구성원들은 안주하기보다는 앞으로 나아갈 것을 선택했다. 대화도서관을 새로운 시각에서 바라볼 수 있도록 외부 전문가인 필자를 부른 것도 그러한 이유에서였다. 우리는 지난 10년간 대화도서관이 지나온 길들을 찬찬히 되짚어보기로 했다. 도서관이 더 나은 방향으로 발전할 수 있다면 과연 그 실마리는 어디 있을지 찾아보자는 마음이었다.

그림 12 무인 대출/반납기

그간 있었던 대화도서관의 변모에 대해 이런저런 이야기를 나누다 보니 자연스럽게 무인 대출/반납기의 보편화가 화두에 올라왔다. 이제는 많은 사람이 이 시스템에 익숙해졌기 때문에 자칫 놓치기 쉽지만, 도서관의 생태에 있어서는 중요한 변화 중 하나였다. 무인 대출/반납기는 도서관 회원증의 바코드를 인식한 뒤 '대출'이나 '반납'을 누르고 책을 기계에 올려두면 대출과 반납이 자동으로 처리된다. 기계가 처음 도서관에 도입되었을 때는 낯설어하거나 다소 꺼리는 이용객도 더러 있었으나 작동법이 비교적 간단한 편이어서 지금은 어린이부터 어르신까지 전 연령층이 무리 없이 무인 대출/반납기를 이용한다. 특히 코로나19 이후로는 비대면 방식이 권장되고, 또 선호되면서 사람들이 사서 대신 기계 앞에서 책을 대출하고 반납하는 풍경은 더는 낯선 것이 아니게 되었다.

그림13 무인 대출/반납기 화면

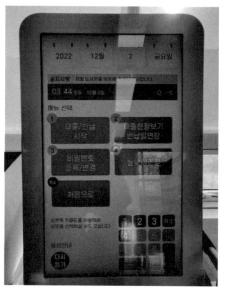

　　무인 대출/반납기가 도서관 사서의 일을 대신하는 것은 사실 대단히 상징적인 장면이다. 이는 디지털혁명이 계속되면서 무인의 시대가 가속화되고, 사람들의 자리를 키오스크, 로봇, AI 등이 대체하는 4차산업혁명의 시대가 도래했음을 의미한다. 실제로 사서는 4차산업혁명 시대에 사라질 직업군에 빈번히 등장하는 직업이기도 하다. 그러한 분석글을 마주할 때마다 사서가 종일 편히 앉아서 책을 빌려주고 돌려받는 단순한 일을 하는 줄 아는 모양이라고 우스개 글을 본 듯 웃어넘기곤 하지만, 어찌 되었든 간에 4차산업혁명이 단지 추상적인 말에 그치는 것이 아니라 이미 우리 실생활 깊숙이 관여하고 있음은 부인할 수 없는 사실이고 흐름이다.

　　조용하고 정적일 것만 같은 도서관에 무언가 변화의 기류가 찾아오고 있다는 것은 수치를 통해서도 드러난다. 공공도서관에서 책을 빌리는 사람이 현

나를 변화시킨 건 동네 작은 도서관이었다

저히 줄어든 것이다. 도서관의 수가 이전에 비해 증가한 것을 고려해 본다면 아이러니한 일이었다. 국민의 지적 수준을 높이고 지역 내 주민들의 도서관 노출도를 높이자는 취지로 정부가 2008년 '도서관발전종합계획'을 발표한 이후, 전국의 공공도서관은 2006년 564개관에서 2019년 1,134개관으로 두 배 이상 증가했다. 도서관의 수가 늘어남에 따라 자연스럽게 지역 내 주민들에 대한 공공도서관의 노출도가 높아졌다. 그러나 높아진 노출도와는 반대로 사람들은 책을 빌리지 않았다. 실제 관련 연구 자료를 보면, 도서관의 도서 자료 대출자 수는 57.5% 감소하고 있다. 이는 책이 더는 정보를 얻는 유일한 자원이 아니게 된 시대에 도서관은 과연 무엇을 할 수 있을지 근본적으로 고민하게 하는 계기가 되었다.

그림14 우리나라 공공도서관 수와 대출자 수

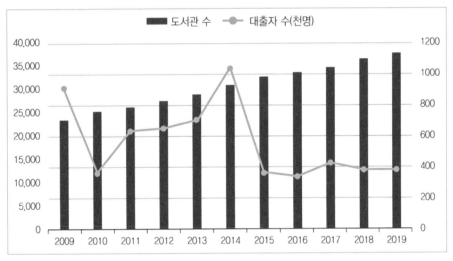

출처 : 김영석, 「우리나라 공공도서관의 이용변화 추이 분석 및 대응방안 연구」, 「한국도서관정보학회」 Vol.52, 2021

도서관의 목표는 책을 빌려주는 데 있는 것이 아니라 궁극적으로는 도서관을 이용하는 지역 주민들 간의 정보 격차를 줄이는 데 있다. 우리는 이 점에 주목했다. 사람들이 '책' 이외의 미디어에서 정보를 얻는다면, 대화도서관도 다른 형태로 정보를 제공해보자는 의견이 모였다. 도서관을 정보를 창출하는 공간으로 탈바꿈해보자는 꿈, 대화도서관의 새로운 얼굴을 찾는 여정은 여기서부터 시작되었다.

PART

2

대화도서관의 새로운
얼굴을 찾습니다

대화도서관의 새로운 얼굴을 찾습니다

1. 도서관의 얼굴

도서관이 새로운 얼굴을 가진다는 말은 어떤 도서관을 떠올렸을 때 곧바로 매칭되는 이미지가 있다는 말이다. 다시 말해 도서관을 대표하는 이미지가 있다는 것이다. 근래에는 이처럼 대표성이 뚜렷한 이미지를 가진 도서관을 일컬어 특화도서관이라 부르기도 하며 문화체육관광부의 주도하에 점차 특화도서관을 늘려가는 추세에 있다. 역시 고양시에 위치해 이웃뻘이라 할 수 있는 고양 화정도서관이 '꽃'으로, 고양 아람누리도서관이 '예술'로 저마다 특화된 얼굴을 찾아낸 것처럼, 대화도서관도 시대의 변화에 발맞추되 이 도서관만의 강점과 개성을 살린 공간이 되었으면 좋겠다는 생각을 했다.

대화도서관에 소개된 고양시 특화도서관

표 1 2017년 발표된 '특화도서관 10개관'에 특화도서관으로 지정된 2개관

광역시·도	도서관명	특화주제	광역시·도	도서관명	특화주제
경기	파주가람도서관	음악	전남	순천시립조례호수 도서관	생태환경

출처 : 문화체육관광부 보도자료, 「다양화, 전문화 시대에 도서관이 특별해진다」, 2017.06.02.
https://www.mcst.go.kr/kor/s_notice/press/pressView.jsp?pSeq=16069

표 2 2017년 발표된 '특화도서관 10개관'에 예비 특화도서관으로 지정된 8개관

광역시·도	도서관명	특화주제	광역시·도	도서관명	특화주제
서울	서울도서관	서울시정 및 세계자료	경기	고양화정도서관	꽃
	마포평생학습관	미술·디자인		고양아람누리도서관	예술
부산	부산시립 시민도서관	일제강점기	충남	아산시립 송곡도서관	건강(독서치유)
광주	이야기꽃도서관	그림책		아산탕정온샘도서관	웹툰

출처 : 문화체육관광부 보도자료, 「다양화, 전문화 시대에 도서관이 특별해진다」, 2017.06.02.
https://www.mcst.go.kr/kor/s_notice/press/pressView.jsp?pSeq=16069

그러기 위해서는 우선 기존의 대화도서관이 가진 특성과 새롭게 도달하고자 하는 미래 공간 상을 정리해볼 필요가 있었다. 앞서 말했던 것처럼 대화도서관은 아이, 어른 할 것 없이 모두에게 열려있는 '개방과 공유'의 가치관을 지향한다. 또 미래경쟁력을 갖추기 위해 새로운 공간을 창출하더라도 그 안에는 '책'이라는 가치가 함께 자리해야 한다는 신념이 있었다. 이를 고려하여 주민들 간의 정보 격차를 해소하는 공간으로 거듭나게 하자는 것으로 의견이 모였다. 문제는 우리에게 실제 실현된 공간에 대한 구체적인 감각이 부족했다는 것이다. 이래서는 청사진이 실현되었을 때 어떤 모습일지 그려낼 수 없을 것 같았다. 그렇다면 대화도서관보다 한발 앞서 공간 혁신을 이루어낸 사례들은 없을까? 그 실마리는 해외의 '도서관 혁신 프로젝트' 사례로부터 찾을 수 있었다.

2. 도서관의 변신, '메이커스페이스'

해외의 도서관들, 특히 미국의 많은 도서관은 2010년 이후 4차산업 기술 및 예술/공예 프로그램을 중심으로 전 연령대가 상호 정보를 공유하고 성장해나가는 공간으로 변화하고 있었다.

미국 도서관들이 시민들에게 제공하는 혁신 프로그램의 면모를 살펴보니 이들 역시 대화도서관과 비슷한 현실을 맞이하여 유사한 문제의식과 고민을 가지고 있음을 알 수 있었다. 또한 이들은 기술과의 접목을 시도하면서도 도서관이 기존에 보유하고 있던 강점과 특색을 살려 공간을 창출하는 데 성공했다. 도서관 혁신 프로젝트 이후 미국의 공공도서관들이 보이는 가장 큰 공통점 중 하나는 이들이 도서관이라는 공간을 메이커스페이스로 활용한다는 점이었다.

메이커스페이스는 디지털 기기와 다양한 도구를 사용한 창의적인 만들기 활동을 통해 자신의 아이디어를 실현하고 만든 결과물과 지식 및 경험을 공유하는 사람, 즉 메이커들이 지식과 정보를 공유할 수 있는 공간을 말한다. 해외의 공공도서관은 바로 이러한 공간의 필요성에 주목했다. 4차산업혁명 시대의 핵심은 창의와 융합이므로 공공도서관 역시 창의성·협력·공유를 기반으로 새로운 정보를 창조할 수 있는 공간으로 변모하고자 한 것이다.

표 3 미국의 공공도서관 혁신 프로그램

"도서관 혁신 프로젝트" 이후 공공도서관에서 제공되는 주요 프로그램		
도서관 혁신 프로그램	도서관 수	전체 응답자 운영비중
컴퓨터 워크스테이션(Computer workstations)	73	67%
3D프린팅(3D printing)	50	46%
포토 편집(Photo editing)	49	45%
비디오 편집(Video editing)	47	43%
프로그램/소프트웨어(Computer programming/software)	43	39%
예술 및 공예(Art and crafts)	40	37%
스캐닝 교육(Scanning photos to digital)	39	36%
웹사이트 개발교육(Creating a website or online portfolio)	37	34%
디지털 음악편집(Digital music recording)	36	33%
3D모델링(3D modeling)	34	31%
아두이노교육(Arduino/Raspberry Pi)	33	30%
기타(Other)	33	30%
만화제작(Animation)	31	28%
고품질 스캐닝(High quality scanner)	31	28%
용접기술(Tinkering)	28	26%

출처 : 2013년 미국의 109개 공공도서관 및 교육기관 도서관에 대한 웹기반 설문조사

특히 공공도서관이나 교육기관 내 도서
관들이 3D프린터나 레이저커터와 같은 첨단
기술 장비를 갖추고 장비와 기계를 다루는 데
필요한 기술들을 사람들에게 널리 알리는 역
할을 하는 것이 눈에 띄었다. 도서관에 방문
한 사람들은 제공되는 장비와 기술을 이용해
머릿속 상상을 현실에 펼쳐냈다.

그림 16 3D프린터

그림 17 작업물을 출력하는 3D프린터 그림 18 3D프린터로 출력한 작업물

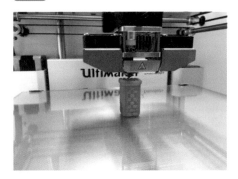 

　　사실 이 같은 장비들은 어지간해서는 집에 갖추어 놓기 쉽지 않은 고가의 물품이다. 때문에 도서관들은 개인 간의 경제력의 차이가 지식의 격차로 이어지는 것을 줄이기 위해 메이커스페이스가 되기를 자처하고 있다. 기술과 예술이 융합되어 지역 주민들의 창의력을 향상시키는 배움의 공간으로 다시 태어나고 있는 것이다.

3. 메이커스페이스가 된 해외의 도서관들

　　해외 도서관의 성공적인 사례들은 대화도서관의 방향성을 정해 나가는 데 많은 도움이 되었다. 앞으로 소개하는 것은 대화도서관의 공간 혁신을 도모하며 참조했던 해외 도서관의 사례들이다.

샌프란시스코의 공공도서관, '더 믹스(The Mix)'

미국 샌프란시스코에 위치한 공공도서관 더 믹스는 주요 대상을 어린이와 십 대 청소년으로 한 메이커스페이스를 운영한다. 앞서 말했던 것처럼 3D 프린터 등 고가의 장비들을 자체적으로 갖추고 있기 때문에 어린이와 청소년 이용객들은 이를 통해 정보기술을 습득하고 디자인 학습을 하며 창의성을 키워나간다. 특히 더 믹스 도서관은 주기적으로 아이들에게 3D프린터를 활용한 DIY 프로그램과 'Science, Technology, Engineering, Art, Mathematics'의 앞 글자를 따서 만든 스팀(STEAM) 교육을 제공하는데, 이러한 교육 프로그램들은 이들의 융·복합적 사고 능력을 키워주는 데 큰 도움이 되고 있다.

그림 19 더 믹스 도서관 장비

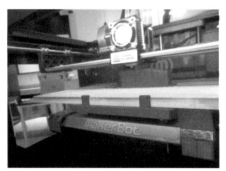

또한 교육 프로그램은 일방적인 주입식으로 진행되는 것이 아니라 아이들에게 직접적인 메이킹 기회를 제공하는 것이 특징이다. 덕분에 아이들은 이 시간을 지루한 학습의 시간이 아니라 자신들이 주체가 되어 상상의 나래를 펼치고 배운 것을 다른 아이들과 공유하며 즐기는 재미있는 놀이 시간으로 기억하게 된다. 아이들에게 도서관을 즐거운 곳, 재미있는 곳으로 인식시키는 것은 중요한 문제인데, 그래야만 아이들이 다음번에도 자발적으로 도서관을 방문하기 때문이다. 특히 또래 관계가 중요한 아동·청소년 시기에는 도서관도 삼삼오오 친구들과 무리 지어 찾는 일이 많아 도서관 이용객의 적잖은 비중을 차지하는 고마운 손님이 되기에 이들의 마음을 사로잡는 것은 도서관으로서는 큰 숙제다.

그림 20 더 믹스 도서관 내부 그림 21 더 믹스 도서관 교육 현장

　더 믹스는 어린이와 청소년을 비롯한 이용객들에게 기억에 남을 만한, 차
별화된 경험을 주기 위해 다양한 공간적 전략들을 사용한다. 도서관의 입구만
하더라도 터치스크린 유리벽으로 만들어져 있어 사람들이 과학기술을 직관적
으로 경험할 수 있도록 한다. 또한 책장 및 책상, 의자를 자유롭게 이동하여
용도에 맞게 공간을 유동적으로 사용할 수 있도록 스터디룸을 구성함으로써
친구들과 함께 방문한 아동·청소년이나 다른 사람과의 협력 작업이 필요한
이용객들에게 편의를 제공한다. 그 밖에도 컴퓨터실, 오디오 및 비디오 부스가
있어 사람들이 다양한 시청각 자료를 관람하거나 직접 제작해볼 수 있도록 하
고, 공연과 발표, 회의와 교육 장소 등으로 다양하게 이용할 수 있는 공간인
카펫 가든(Carpet Garden)을 제공하는 것도 특징적이다.

마틴루터킹 주니어 기념도서관

공공도서관은 지역 주민들을 대상으로 하므로 그 도서관이 속한 지역 사회와의 연계가 중요하다. 워싱턴DC의 마틴루터킹 주니어 기념도서관은 지역 사회와의 연계 협력이 가장 뛰어난 메이커스페이스 중 하나로 꼽힌다. 2015년 5월 처음 선보인 이 도서관의 메이커스페이스는 자유로운 제조를 하는 제작 실험실이라는 뜻에서 패브리케이션 랩, 줄여서 '팹 랩(Fab Lab)'이라고도 부른다. 마틴루터킹 주니어 기념도서관은 25평 규모의 메이커스페이스에 여덟 대의 3D프린터와 3D스캐너, 레이저커터기를 비롯해 정밀하게 기계를 만들 수 있는 컴퓨터 수치 제어 기기까지 보유하고 있다.

이 도서관에서 가장 흥미로운 점은 메이커스페이스가 주민들이 직접 꾸려나가는 공간으로 자리 잡았다는 점이다. 이곳은 여느 도서관의 메이커스페이스와는 다르게 비슷한 취미나 관심사를 가진 지역 주민들이 함께 모여서 서로 아이디어를 나누고, 자신들이 가진 기술을 다른 사람에게 가르쳐 준다. 강사가 가르치고 이용자가 배우는 일방적인 교수 형태가 아니라 정보와 지식, 기술을 가진 사람은 누구나 교수자가 될 수 있어 교수자의 입장이 된 주민들의 자기 효능감을 높이는 데도 도움이 된다. 메이커스페이스가 갖는 이러한 장점은 지역 주민들의 발걸음이 자연스럽게 도서관으로 향하도록 만들어 주기도 한다. 주민들이 자원 활동가나 봉사자가 되어 민주적으로 운영해 나가는 이곳은 메이커스페이스의 이상적인 모델이라 할 수 있다.

그림 22 마틴루터킹 주니어 기념도서관 메이커스페이스

하지만 지역 주민들이 주도적으로 운영하는 메이커스페이스는 수많은 장점과 더불어 한계도 뚜렷한 편이다. 일단 문제가 되는 것은 메이커스페이스의 관리와 감독이 쉽지 않다는 점이다. 도서관 인력이 상주하며 공간을 관리하는 것이 아니라 인력이 수시로 바뀔 수밖에 없어 체계적인 관리가 어렵게 된다. 또한 공간을 사용하는 이용자나 자원 활동가, 봉사자 관리 역시도 만만찮게 품이 드는 일이다. 교수가 가능한 지역 주민들도 수시로 바뀌기 때문에 고정적인 프로그램을 기획하거나 진행하는 일이 쉽지 않다는 점도 문제 중 하나이다. 이러한 문제들로 인해 기존의 도서관 프로그램실 운영보다 복잡하고 힘든 점이 많은 것은 사실이지만, 그럼에도 지역 주민들이 주체가 되어 만들어나가는 메이커스페이스는 분명 매력적인 공간임에 틀림없다.

이번에 소개할 메이커스페이스는 코네티컷 주의 명물로 자리 잡은 웨스트포트 도서관 메이커스페이스이다. 웨스트포트 도서관의 메이커스페이스는 기획에 의한 것이 아니라 아주 우연히 만들어진 경우이다. 이 도서관에는 원래 참고서적과 정기간행물을 꽂아두는 서가가 다섯 칸 있었는데, 사람들이 점차 두꺼운 종이 사전이나 지도와 같은 참고서적보다 인터넷, 스마트폰 검색을 선호하고 정기간행물 역시 온라인으로 구독하게 되면서 이 서가의 책들을 정리해야 했다. 도서관의 공간은 물리적으로 한정되어 있으므로 자료의 이용률에 따라 주기적으로 처분할 자료들을 선정하게 되는데 다섯 칸의 서가가 그에 해당되었던 것이다.

그림 23 백과사전들

그림 24 스마트폰에서 제공하는 지도

이 서가들을 정리한 뒤 새로 생긴 빈 공간을 어떻게 활용할지 도서관 직원들이 고민에 빠져있을 때였다. 관장은 도서관에서 아주 흥미로운 광경을 목격하게 된다. 네다섯 살가량 되어 보이는 아이들이 원목을 가지고 이리저리 조립해보며 놀고 있었던 것이다. 관장은 이 장면으로부터 아이디어를 얻어 새로 생긴 열람실의 빈 공간을 메이커스페이스로 활용하기로 하고 여기에 메이커 레지던스, 즉 발명가를 상주시키기로 한다.

이렇게 구상된 메이커스페이스는 2012년 7월 문을 열었다. 열람실 한가운데 위치한 메이커스페이스는 창의력과 상상력을 자극하고, 자유로운 분위기를 조성하기 위해 항공기 격납고를 본떠 만들어졌다. 사방이 개방된 철골 구조물 안에 랩톱 컴퓨터와 3D프린터, 각종 기구들을 갖춰 놓은 모양새였다.

그림25 웨스트포트 도서관 메이커스페이스

　덕분에 이곳에서는 다양한 작업물들이 만들어지고 있다. 예를 들어 메이커스페이스의 첫 번째 발명가였던 조셉은 4.5미터 길이의 원목 비행기 두 대를 제작해 열람실 천장에 전시했고, 전자 제품 애호가인 에드 칼린은 이곳에서 하늘 전체를 동시에 촬영할 수 있는 전천(全天) 카메라를 제작하기도 했다. 이 밖에도 목수인 존 맷잭은 원목 책상을, 미디어 아티스트인 밸럼 소토는 LED 조명을 결합한 디지털 퀼트를 사람들과 함께 제작했다.

　나열한 예시로부터 알 수 있듯이 많은 지역 주민들이 웨스트포트 도서관 메이커스페이스를 자발적이고, 또 활발히 이용한다. 이러한 열기는 메이커 페어 개최로 이어졌다. 웨스트포트 도서관은 2012년부터 도서관 앞마당에서 미니 메이커 페어를 개최한다. 주민들의 참여율 역시 대단해서 개인이 만든 기기와 컴퓨터 게임, 예술품 등 100여 개 이상의 창작물이 이 페어에 전시된다. 십여 년이 흐른 현재 웨스트포트 도서관 미니 메이커 페어는 혁신성, 창의성과 관련해 코네티컷 주의 가장 큰 행사로 정착하게 되었다.

앞서 언급한 사례 이외에도 미국 내 공공도서관 메이커스페이스의 특성을 파악하기 위해 살펴볼 만한 사례들을 덧붙인다.

표 4 미국 공공도서관 메이커스페이스 운영 현황

도서관명	주요 대상	활용 공간	활용 장비
바렛 파라다이스 프렌들리 도서관 (Barrett Paradise Friendly Library)	유아 초등학생 중학생	스템(STEM) 활동에 사용되는 플렉스 공간	• 생물학 장비 또는 장난감 등(예 : 현미경, 해부학, 박테리아 키트, 식물 키트 등) • 화학 장비 또는 장난감 등 • 컴퓨터 프로그래밍 하드웨어 또는 소프트웨어(예 : 아두이노, 라즈베리 파이 등) • 건설 장비 또는 장난감 등(예 : 빌딩 블록, 레고 등) • 디지털 제작 장비(비디오, 녹음 등) • 전자 회로 장비 또는 장난감 • 레이저커터 및 에칭 장치 / 조각기 • 물리 장비 또는 장난감 등(투석기 등) • 로보틱스 장비 또는 장난감 등 • 스템 응용 프로그램이 탑재된 태블릿
번빌 지역 커뮤니티 도서관(Bernville Area Community Library)	유아 초등학생 중학생 30~65세	스템 활동에 사용되는 플렉스 공간	• 생물학 장비 또는 장난감 등(예 : 현미경, 해부학, 박테리아 키트, 식물 키트 등) • 화학 장비 또는 장난감 등 • 건설 장비 또는 장난감 등(예 : 빌딩 블록, 레고 등) • 법의학 장비 또는 장난감 등 • 스템 응용 프로그램이 탑재된 태블릿
체스터 카운티 도서관(Chester County Library)	초등학생 중학생 고등학생 18~29세 30~65세 66세 이상	전용 공간 및 스템 활동에 사용되는 플렉스 공간	• 생물학 장비 또는 장난감 등(예 : 현미경, 해부학, 박테리아 키트, 식물 키트 등) • 컴퓨터 프로그래밍 하드웨어 또는 소프트웨어(예 : 아두이노, 라즈베리 파이 등) • 건설 장비 또는 장난감 등(예 : 빌딩 블록, 레고 등) • 전자 회로 장비 또는 장난감 등 • 로보틱스 장비 또는 장난감 등

도서관	대상	공간	장비
이리 카운티 공공 도서관(Erie County Public Library)	18세 이상 또는 부모의 허가가 있는 청소년	전용 공간	• 3D프린터 • 비닐 커터 • 진공 발생기 • 레이저 / 커터 / 조각사 • 납땜 인두 • 재봉기 • 3D 펜
필라델피아 프리 도서관(Free Library of Philadelphia)	초등학생 중학생 고등학생	전용 공간 및 스템 활동에 사용되는 플렉스 공간	• 컴퓨터 프로그래밍 하드웨어 또는 소프트웨어(예 : 아두이노, 라즈베리 파이 등) • 건설 장비 또는 장난감 등(예 : 빌딩 블록, 레고 등) • 디지털 제작 장비(비디오, 녹음 등) • 전자 회로 장비 또는 장난감 등 • E-섬유 장비 또는 장난감 등 • 법의학 장비 또는 장난감 등 • 물리 장비 또는 장난감 등(투석기 등) • 로보틱스 장비 또는 장난감 등 • 스템 응용 프로그램이 탑재된 태블릿
머농거힐라 지역 도서관(Monongahela Area Library)	유아 초등학생 중학생 고등학생	스템 활동에 사용되는 플렉스 공간	• 천문 장비 또는 장난감 등(예 : 망원경 등) • 생물학 장비 또는 장난감 등(예 : 현미경, 해부학, 박테리아 키트, 식물 키트 등) • 건설 장비 또는 장난감 등(예 : 빌딩 블록, 레고 등) • 전자 회로 장비 또는 장난감 등 • 손 도구(열 누출 감지기, 소비전력계, 전압계, 레이저 레벨 등) • 로보틱스 장비 또는 장난감 등
마운트 레버넌 공공 도서관(Mt. Lebanon Public Library)	초등학생 중학생	• 전용 공간 및 스템 활동에 사용되는 플렉스 공간 • 도서관 내에 메이커 공간이 있지만, 스템 프로그램 운영 시에는 다른 회의실 사용	• 3D프린터 • 컴퓨터 프로그래밍 하드웨어 또는 소프트웨어(예 : 아두이노, 라즈베리 파이 등) • 건설 장비 또는 장난감 등(예 : 빌딩 블록, 레고 등) • 전자 회로 장비 또는 장난감 등 • E-섬유 장비 또는 장난감 등 • 로보틱스 장비 또는 장난감 등 • 재봉기 • 스템 응용 프로그램이 탑재된 태블릿

4. 한국형 메이커스페이스

　대화도서관 혁신에 참조가 될 만한 메이커스페이스 모델을 조사할 당시, 한국에도 많진 않았지만 눈여겨볼 만한 사례가 있었다. 창원대학교에서 경남 최초의 도서관 메이커스페이스로 설립한 '메이커 아지트, 팹랩 창원'이 그것이었다.

　창원대학교의 메이커스페이스는 대학교 부속임에도 창원대 학생과 교직원뿐 아니라 일반 시민에게까지 개방하고 있으므로 회원으로 가입하기만 하면 누구나 자유롭게 이용할 수 있다는 것이 특징이다. 이곳은 3D프린터, 레이저 커터 등의 기본적인 디지털 제작 장비뿐만 아니라 UV프린터, 듀얼히터 프레스, 선반 공작장비, 가죽공예 등 다양한 장비를 구비하고 있어 공간의 기획과 구성 당시 상당한 공을 들였음을 짐작할 수 있다.

그림 26 창원대학교 메이커 아지트, 팹랩 창원

　창원대학교 메이커스페이스는 메이커 문화 및 분위기 확산을 위해 신청자들을 대상으로 매일 시설 투어를 제공하고 있으며, 장비 안전 교육 및 필수적 장비 사용법을 교육하는 장비 트레이닝 프로그램 등도 함께 운영한다. 또한 다양한 분야의 메이커의 유입을 위해 매주 다양한 주제로 메이커 워크숍을 열고, 메이커 네트워크 행사도 개최하고 있다.

　특히 창원대 메이커스페이스는 대학교라는 특성상, 메이커들의 아이디어를 시제품으로 만들고 제품화하는 것을 적극적으로 장려한다. 이를 위해 메이커 네트워크 행사 및 커뮤니티 지원 프로그램, 소규모 판매지원, 창업동아리

활동 지원 등을 함으로써 메이커들의 아이디어가 사업화될 수 있도록 돕는다. 팹랩 창원이 활성화될수록 지역 사회의 창업 분위기 조성과 청년 일자리 창출에 이바지할 수 있기에 이들은 지역 사회와의 연계와 상호협력도 적극적으로 추진하고 있다.

PART

3

디지털 혁신 도서관,
RIMS 프로젝트

PART

3

디지털 혁신 도서관,
RIMS 프로젝트

1. 크리에이터 스페이스(Creator Space), 대화도서관

　　대화도서관보다 먼저 공간 혁신을 이루어낸 도서관들에 대한 사전 조사는 도서관이 나아갈 방향성을 찾는 데 상당한 도움이 되었다. 그러나 그 사례들을 이 도서관에 그대로 적용하는 데는 무리가 있었다. 도서관마다 도서관이 가지고 있는 고유한 특성과 처한 실정이 달랐기 때문이다. 예를 들어 미국의 상당수의 도서관은 어린이와 청소년을 새로운 시대와 미래를 이끌어갈 주역으로 생각해서인지, 이들을 초점에 두고 진행하는 프로그램들이 많았다. 하지만 대화도서관의 경우 유아부터 어르신까지, 어느 연령에 치우침 없이 말 그대로 전 연령이 이용하는 도서관이었으므로 새로 기획할 공간과 프로그램도 그러한 특성을 반드시 고려해야만 했다. 방대한 자료 가운데 취할 것과 버릴 것을 선별해 대화도서관 맞춤형 공간 혁신모델을 만들어내는 과정을 거쳐야 했다.

　　도서관에 4차산업 장비를 몇 대 갖춘다고 해서 그것을 공간 혁신이라고 부를 수는 없을 것이다. 물론 미국 도서관 중에는 우연한 기회로 도서관에 가져다 둔 장비들이 사람들의 호기심을 자극해 메이커스페이스의 구축으로 이어진 경우도 있었지만, 대화도서관에도 그런 운이 따른다는 보장은 없었다. 어느 한 공간의 리모델링이나 변화가 아니라, 이 도서관의 전체적인 방향성을 조정하는 보다 본질적인 큰 그림이 필요하다는 생각이 들었다. 그래서 우선 큰 방향성을 '4차산업혁명 시대의 창의적 인재 양성'으로 정했다. 큰 그림이 우선되어야 그 안에서 각각의 공간과 프로그램들이 유기적으로 연결될 수 있기 때문이었다.

그림 27 크리에이터 스페이스 대화도서관

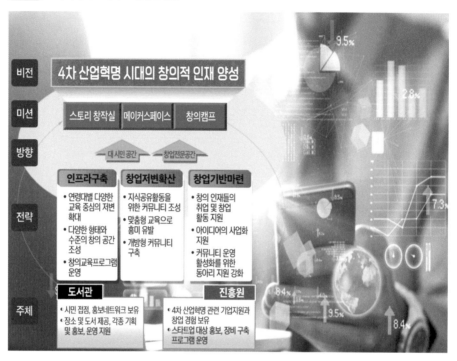

4차산업혁명 시대의 도래가 피할 수 없는 흐름이라면, 그 흐름에 휩쓸리는 것이 아니라 그것을 주도하는 비판적이고 창의적인 사고력을 가진 인재들이 필요할 수밖에 없다. 우리는 공공도서관이 그러한 인재들을 양성하는 역할을 할 수 있을 거라 믿었다. 이 믿음을 바탕으로 대화도서관의 공간을 이야기산업 활성화를 위한 '스토리창작실', 4차산업 기술 지식과 정보 공유를 위한 '메이커스페이스', '창의캠프'로 재편하기로 했다. 이렇게 큰 그림을 그리자 대화도서관의 메이커스페이스는 어떤 모습이 되어야 할지가 좀 더 구체적으로 다가왔다.

2. 읽고, 생각하고, 만들고, 나누다, RIMS 프로젝트

　　시대적 요구에 부응해 도서관과 4차산업의 만남이라는 큰 방향성을 정하기는 했지만, 막상 그것을 대화도서관 내에서 실현하려니 또 한 가지의 난관이 있었다. 도서관은 '책'을 모태로 하는 공간이기에 단순히 4차산업 교육을 위한 공간 제공을 하는 기관으로만 기능해서는 안 되겠다는 생각이 든 것이다. 도서관의 공간 혁신은 책이라는 근본적인 가치를 배제하고는 진행될 수 없다는 것이 학교나 주민센터와 같은 여타 공공기관들과 다른 점이었다. 더군다나 4차산업 시대의 도래와 함께 사양산업으로 꼽히게 된 책과 4차산업의 공존이라니, 우리가 세운 계획이었음에도 갈 길이 아득히 멀게만 느껴졌다.

　　그러나 한 걸음 물러서서 차분히 생각해보니 이미 이곳은 도서관이라는 공간을 책과 접목해 활용해온 오랜 경험이 있었다. 그러니 이번에도 역시 혁신이 일어난 새로운 공간을 책과 만나게 하면 되겠다는 감을 잡을 수 있었다. 이처럼 책이라는 현재 가치와 4차산업이라는 미래 가치의 조화와 공존을 꾀하면서, 4차산업 신기술 교육을 통해 지역 주민 간의 지식과 정보 격차를 해소하자는 차원에서 만든 것이 바로 'RIMS 프로젝트'이다.

　　RIMS(림스)는 'Read(읽고), Ideated(상상하고), Make(만들고), Share(나눈다)', 이 네 단어의 첫 글자를 따서 만든 말로 대화도서관의 새로운 정체성과 나아갈 방향성을 그대로 압축하고 있다. 그러니까 RIMS 프로젝트는 대화도서관 공간 혁신에 있어 핵심이자 꽃이라 할 수 있다. 대화도서관이 새롭게 만들어낼 메이커스페이스에서 사람들은 책을 읽고 자신만의 관심사와 문제를 찾아내고(Read), 이 문제를 해결하기 위해 창의적으로 상상하거나 생각해 가설을 만들고(Ideated), 만들어진 가설을 현실에 구현해내는 다양한 창작활동을 진행하고(Make), 자신이 체험한 문제해결의 과정과 결과물들을 다른 사람들과 함께 나누는(Share) 활동을 하게 되는 것이다.

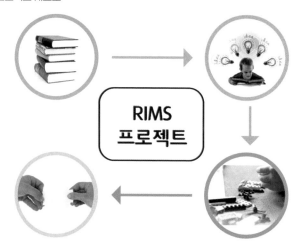

그림 28 RIMS 프로젝트 개요도

01 Read	02 Ideated	03 Make	04 Share
도서를 통해 문제를 발견하고 해결해야 할 과제를 정의합니다.	문제를 해결하기 위한 아이디어와 가설 안을 도출합니다.	가설을 바탕으로 다양한 창작활동을 진행합니다.	문제 해결의 과정을 설명하고 결과물을 적용 및 공유합니다.

　　이처럼 고양시의 주민들이 RIMS 프로젝트를 통해 자신만의 방식으로 탐구하는 법을 알아내고, 여러 가지를 도전적으로 시도해보며 성장할 수 있는 공간으로 거듭나는 것이 대화도서관의 새로운 목표였다. 이는 언어학자 노암 촘스키(Noam Chomsky, 1928~)가 이야기했던 교육의 이상적인 방향, 즉 "교육은 자아 발전을 위한 기회를 제공해야 하며, 이상적으로 교육은 개인이 자기만의 방식으로 탐험할 수 있는 풍부하고 도전적인 환경을 제공해야 한다"라는 것과도 일치한다.

　　말하자면 RIMS 프로젝트는 기존에 시행되고 있던 Read와 Ideated라는 기본적인 도서관의 역할을 포함하되, Make와 Share라는 새로운 역할을 더한 소프트웨어 모델링이라 할 수 있다. 책을 읽고 얻은 통찰력을 통해 문제를 해결하고 아이디어 및 가설을 도출하는 Read와 Ideated라는 행위에 Make와 Share를 접목함으로써 직접 몸으로 문제를 해결하고 시행과 오류를 경험하며 성장할 수 있는 기회를 새롭게 제공하게 된 것이다.

3. 모두가 주인공인 프로그램이 현실로

대화도서관의 공간을 새롭게 재편해 나감에 있어 책이라는 현재 가치, 4차산업이라는 미래 가치와 더불어 결코 잊어서는 안 되는 또 하나의 가치는 이 공간이 누구도 소외시킴 없이 공존할 수 있는 곳이 되어야 한다는 것이었다. 보통 메이커스페이스의 운영 모델은 해당 지역의 인구통계학적인 측면에 기반해 예상 이용자의 연령을 추산하게 되는데, 이를 바탕으로 유년기나 초등학생 어린이를 우선 대상으로 하는 경우와 은퇴 노인들을 주요 대상으로 하는 경우로 나뉘게 된다. 하지만 대화도서관의 경우 기존에 운영되던 프로그램을 이용하던 사람들의 연령대를 고려해 보았을 때 유아부터 노년까지 전 연령대를 아우르는 참여형 메이커스페이스가 필요함을 알 수 있었다. 그러니까 대화도서관의 메이커스페이스는 전 연령대의 '평생 교육 차원의 메이커스페이스'를 지향해야 했다. 즉, 도서관이라는 공간적 특성을 고려할 것, 지역 주민들에게 평생 교육을 제공할 것, 그 내용은 4차산업이라는 시대를 반영할 것, 이 세 가지를 목표로 하여 다음과 같은 프로그램 아웃라인이 완성되었다.

그림 29 대화도서관 교육 프로그램 아웃라인

'도서관 특화·평생교육 특화·4차산업 특화'라는 세 가지 특화 방향성을 바탕으로 우리는 새로운 공간에 어울리는 프로그램들을 기획하기 시작했다. 사실 도서관 특화 프로그램의 경우 기획하는 데 큰 어려움은 없었다. 책을 활용하여 활동하는 프로그램들이 기존에도 이 도서관에서 많이 운영되어온 덕분이었다. 그래서 기존의 프로그램들을 활용하되 책을 통해 문제의식을 발견하고 아이디어를 내는 활동을 보완하는 방식으로 프로그램을 기획했다.

문제는 평생교육 특화 프로그램과 4차산업 특화 프로그램을 기획하는 데 있었다. 아직도 많은 사람이 도서관을 책을 빌리러 오는 장소로만 인지하고 교육을 받으러 오는 장소로는 여기지 않는 탓이었다. 이러한 사람들의 인식을 바꾸고 교육을 받으러 도서관에 찾아오게 하기 위해서는 각 연령에 적합한 맞춤형 프로그램을 제공할 필요가 있었다.

프로그램은 각 세대와 해당 연령대에 필요한 교육의 내용, 습득 속도, 효율성 등을 고려해 구분하기로 했다. 교육의 타깃을 '어린이', '성인', '시니어', '가족'이라는 네 가지 범주로 구분해 프로그램을 구축하기로 한 것이다. 이때 가장 중요하게 생각한 지점은 RIMS 프로젝트의 본래 의도에 맞도록 사람들이 자신의 아이디어를 몸으로 직접 구현해 보는 과정, 즉 만들어 보는 경험을 제공하는 것이었다. 그러면서도 프로그램들이 세 가지 특화 영역 중 어느 한 영역에만 치우치지 않도록 균형을 맞추어 개발했다.

그림 30 대화도서관 메이커스페이스 프로그램 운영 형태

| 체험형 | 과정형(4회기/8회기) | 장비활용 |

또한 메이커스페이스 프로그램은 이용객들이 메이커 키트를 활용하여 1~2시간 내외로 메이커 체험을 해볼 수 있는 체험형과 메이커 교육을 월 단위나 분기 단위로 나누어 심화된 형태로 받을 수 있는 심화교육과정형, 그리고 3D프린터 및 레이저커터 등 장비 활용 교육을 받아볼 수 있는 장비 활용형으로 진행하기로 했다. 이렇듯 수준별 교육을 진행함으로써 고양시 주민들의 다양한 니즈를 충족시킬 수 있을 것이라 기대했다.

PART

4

대화도서관 메이커스페이스
에서 상상은 현실이 됩니다

대화도서관 메이커스페이스
에서 상상은 현실이 됩니다

1. 어린이의 꿈과 희망을 현실로

이 장에서는 대화도서관에서 기획한 프로그램의 구체적인 면모를 소개할 것이다. 먼저 대화도서관에서 어린이를 대상으로 실시한 교육 프로그램에 대해 이야기하고자 한다. 어린이를 대상으로 한 프로그램에서 가장 중요하게 생각한 부분은 아이들에게 책을 친숙하게 해주자는 것이었다.

다양한 미디어의 발달로 인해 아이들이 점점 책을 가까이하지 않는다는 이야기가 나온 지 오래다. 아이들은 어른들의 어린 시절과는 달리 책에서 정보를 찾는 데 익숙하지 않고 유튜브나 여타의 검색 엔진들을 통해 잘 정리된 짤막한 정보들을 접하는 것을 더 편하게 여긴다. 게다가 아이들이 처음으로 디지털 미디어를 접하게 되는 연령 역시 나날이 낮아져서 요즘은 식당이나 카페에서 아기 의자에 앉아 스마트폰으로 유튜브 영상을 시청하는 아기들의 모습을 어렵지 않게 찾아볼 수 있게 되었다.

사실 어려서부터 이 같은 환경에 익숙했던 아이들에게 책을 쥐게 하는 것은 보통 일은 아니다. 아이들의 문해력을 걱정하는 양육자들이 뒤늦게 책을 권하기도 하지만 강제적인 권유는 책을 더 지루하게 만들 따름이다. '책이 다른 미디어와 경쟁하려면 일단 재미있어야 한다.' 이것이 우리의 기본 입장이었다. 책의 모양새나 만듦새가 어떻든 일단 아이들에게 책이라는 물성을 친숙하

게 해주고 싶었다. 책이 지루한 것이 아니라 재미있는 것이라고 인식될 때 도
서관을 찾는 아이들이 늘어날 것이라는 믿음으로 프로그램을 기획했다.

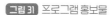 프로그램 홍보물

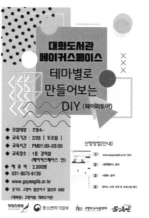

프로그램

북아트 프로그램

● 카드 만들기

도서관에서 그림책, 만화책, 동화책 등 장르에 상관없이 마음에 드는 책
을 골라 읽도록 한다. 자신이 책을 골라보는 경험은 향후 독서 습관을 만드는
데 도움이 되므로 가능한 한 책은 아동이 직접 고르도록 한다. 책을 읽은 뒤
그 책에서 가장 인상 깊었던 캐릭터를 고르도록 한다. 그 캐릭터가 왜 인상 깊
었는지 아동이 말해보는 시간을 가질 수 있으면 더욱 좋다. 이 과정이 끝나면
자신이 마음에 드는 캐릭터를 다양한 재료를 활용해 카드로 만들어 보는 시간
을 가진다.

● 새롭게 꾸미는 책 표지

아동에게 도서관에서 마음에 드는 책을 골라 읽도록 한다. 다 읽은 뒤에는 기존 책 표지 말고 자신이 새롭게 책 표지를 만들어 보게 한다. 책 표지 만들기는 책을 보다 꼼꼼히 읽도록 하고 책에 대한 이해도를 높여줄 수 있는 활동이다.

그림 32 카드 만들기와 책 표지 꾸미기

책 만들기

● 낙엽 책 만들기

가을이 되면 주변에서 쉽게 구할 수 있는 낙엽을 활용한 활동이다. 이렇게 주변에서 쉽게 구할 수 있는 소재를 활용한 활동들은 아동들의 창의력을 자극할 수 있다. 낙엽 안에 들어갈 내용은 아동 본인의 이야기여도 좋고 지어낸 이야기여도 좋다. 자신이 이야기를 직접 지어봄으로써 작가가 되어보는 경험은 책을 더욱 친밀하게 느끼도록 하는 경험을 제공한다.

그림 33 낙엽 책 만들기와 액자 북 만들기

● 액자 북 만들기

그림책, 만화책, 동화책 등 자신이 지금껏 읽었던 책들을 활용하여 나만의 책을 만들어 보는 활동이다. 아이들이 저마다 읽어온 책이 다르고, 책을 만들 때 각자 선호하는 소재가 다르기 때문에 완성된 책을 다른 아이들의 책과 비교해보는 시간을 가지면 더욱 흥미로운 시간이 될 수 있다.

대화도서관 메이커스페이스에서 상상은 현실이 됩니다

동화 만들기

● 스토리텔링 동화 만들기

아이들에게 동화의 공통된 대주제를 제시한 뒤 각자 맡을 장면들을 제시해 준다. 맡은 장면에 어울리도록 스스로 이야기를 지어본 뒤 여러 아이가 지어낸 이야기를 하나의 스토리로 이어 본다. 여럿의 이야기를 하나로 합친 것이므로 이야기는 예측 불허일 뿐만 아니라 대단히 창의적인 내용이 된다. 이렇듯 세상에 하나뿐

그림 34 스토리텔링 동화 만들기와 동화 퍼즐 제작

인 이야기를 만들어 봄으로써 아이들이 동화에 애정을 갖도록 만들어 준다.

● 동화 퍼즐 제작

동화 속 주인공을 아이들이 직접 그린 후, 자신만의 동화 퍼즐을 만들어 보는 시간을 가진다. 또는 찢어지거나 낡아서 더는 보지 못하게 된 책을 퍼즐로 만들어 활용해보는 시간을 가질 수도 있다. 이러한 활동은 아이들에게 리사이클링에 대한 개념을 환기해주기도 한다.

오디오 콘텐츠 만들기

● 오디오북 만들기

짤막한 책을 한 권 골라 자신의 목소리로 녹음함으로써 오디오북을 완성하는 시간을 가져 본다. 오디오북은 전자책 시장의 부상과 더불어 함께 떠오르는 영역이자 앞으로 더욱 활성화될 분야이기도 하다. 오디오북은 비장애인에게도 편리함을 주지만 특히 시각장애인에게 유용하게 활용된다. 아이들에게 이러한 배

그림 35 오디오북 만들기

경을 설명해줌으로써 더불어 사는 세상에 대한 인식을 제공할 수 있다.

2. 기술로 더욱 자유로워질 어른들의 세상

성인을 대상으로 한 프로그램을 기획하면서 주안점으로 삼은 것은 최대한 다양한 형태의 프로그램을 제공하는 것이었다. 프로그램의 대상을 어린이, 성인, 시니어, 가족으로 구분하기는 했지만 사실상 성인이라는 범주는 청소년부터 중장년까지를 포함한 대단히 넓은 것이었기 때문이다. 다시 말해 성인이라는 범위에 해당하는 청소년부터 중장년까지의 너른 층위의 이용객을 만족시키려면 다양화된 프로그램이 필요했다.

그래서 성인 대상 교육 프로그램의 카테고리를 네 가지로 분류해 구체화하고 다양화하기로 했다. 골판지, 색종이, 클레이 아트, 천과 실, 폐품 등 일상생활 속 다양한 소재를 활용하는 핸즈온 메이커, 메이킹 키트를 활용하는 키트 활용 메이커, 3D프린터 및 레이저커터 등의 전문 장비를 활용하는 장비 활용 메이커, SW 코딩이나 로봇, 드론 등의 테크 기반 활동인 ICT 기반 메이커가 그것이다. 이를 통해 아날로그부터 디지털까지, 수동에서 자동까지, 현재에서 미래까지 연결할 수 있는 프로그램이 되리라 기대했다.

대화도서관에서 접한 메이커 활동이 누군가에게는 일상에 활력을 불어넣어 주는 새로운 취미를 갖는 계기가 되고, 또 다른 누군가에게는 새로운 진로를 찾는 계기로 이어져 더 너른 세상으로 나아가는 발판이 되기를 바랐다.

그림 36 프로그램 홍보물

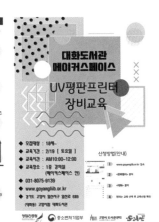

핸즈온 메이커 프로그램은 말 그대로 다양한 소재의 재료를 활용하여 나만의 핸드메이드 제품을 완성하는 것이다. 근래 우리 사회에서 '키드(Kid)'와 '어덜트(Adult)'의 합성어인 '키덜트' 문화가 하나의 트렌드로 자리 잡은 것이나, 어른들 사이에서 레트로 감성이 유행하고 있는 현상에 주목했다. 어린 시절 가지고 놀던 색종이나 골판지, 점토, 물감 등을 활용한 메이커 활동들을 통해 어른들의 향수를 자극하는, 기억에 남는 시간을 제공할 수 있을 것이라 기대했다.

종이&골판지 교실

그림37 사각사각 색종이 교실

그림38 골판지 창작 교실

● 사각사각 색종이 교실

여러 가지 색깔의 색종이를 접고, 오리고, 붙여서 원하는 모양의 공룡·동물·꽃·캐릭터 등을 만든다. 어린 시절 종이접기 아저씨 김영만을 따라 하며 색종이 접는 법을 배운 어른들이 많아, 추억의 프로그램으로 인기가 많은 메이커 활동이다.

● 골판지 창작 교실

골판지나 냅킨, 스케치북 등 주변에서 쉽게 구할 수 있는 종이류 재료를 활용하여 나만의 작품을 완성해 본다.

● 오토마타 공작 교실

종이로 움직이는 장난감, 즉 오토마타(기계장치)를 만들어 보는 시간이다. 오토마타는 직접 가지고 놀 수도 있고 전시해 두기에도 좋으므로 선호도가 높다.

오색빛깔 미술 표현 교실

그림 39 손도장 물감 교실

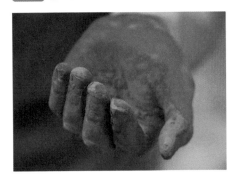

그림 40 반짝반짝 내 잠옷

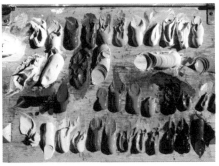

● 손도장 물감 교실

여러 가지 색이 나는 물감을 활용해 손도장을 찍어 보는 활동이다. 손도장 여러 개를 반복적으로 찍음으로써 하나의 그림으로 완성해 볼 수도 있다.

● 반짝반짝 내 잠옷

하얀 앞치마 형태의 잠옷에 여러 가지의 형광 색연필과 물감을 이용하여 개성 넘치는 나만의 잠옷을 만들어 본다.

● 프레임 교실

피카소처럼 무한 상상의 나래를 펼쳐 주어진 프레임(액자) 안에 새로운 세계를 만들어 본다. 소재를 다양화할수록 상상력과 창의력을 높일 수 있다.

흙과 점토로 만들기 교실

그림 41 조물딱 흙 교실

그림 42 클레이 아트 교실

● 조물딱 흙 교실

물로 흙을 반죽하여 피규어, 컵, 그릇 등 원하는 모양을 빚어보는 친환경적 활동이다. 야외 체험형 활동으로 운영하는 것도 가능하다.

● 클레이 아트 교실

여러 가지 색깔의 클레이 점토를 가지고 공룡·동물·자동차·건물 등을 만들어 본다. 클레이 점토는 혼합해서 사용하면 또 다른 색을 내므로 다양한 색을 조합해보는 창의적인 활동이 가능하다.

나무와 돌로 만들기 교실

그림 43 나무젓가락 공예 교실

그림 44 구슬로 액세서리 만들기

● 나무젓가락 공예 교실

주변에서 쉽게 구할 수 있는 나무젓가락을 활용하여 연필꽂이 등 다양한 종류의 공예품을 만들어 본다.

● 구슬로 액세서리 만들기

다양한 색깔과 크기의 구슬을 활용하여 목걸이·팔찌 등 실생활에서 착용할 수 있는 액세서리를 만들어 보는 시간이다.

실과 천으로 만드는 메이커 교실

그림 45 바느질 교실

그림 46 인형 만들기

● 바느질 교실

바늘과 실을 활용하여 쿠션이나 방석, 주머니 등 실생활에서 사용할 수 있는 물건들을 제작해본다.

● 인형 만들기

다양한 두께의 바늘과 실을 이용하여 자신이 원하는 모양의 인형을 만들어 본다.

● 얼기설기 창작 교실

바늘과 실, 그리고 천을 활용하여 자신만의 방법으로 개성 있는 창작물을 만들어 본다.

키트 활용 메이커

● 레고 브릭 키트 메이커

그림 47 레고브릭 키트 메이커

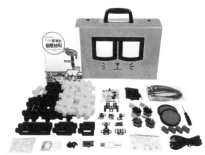

설명서에 쓰인 순서대로 따라 만드는 레고와는 달리 내가 스스로 브릭 키트를 이용해 창작해 보는 시간이다.

● DIY MDF 장난감 키트 메이커

그림 48 DIY MDF 장난감 키트 메이커

레이저커터를 이용해 만들어진 재료들을 조립해 자신만의 조립식 장난감을 완성해 본다.

● 프라모델 키트 메이커

프라모델 키트 메이커

자신이 원하는 프라모델 키트를 활용하여 직접 조립해보는 프로그램이다. 프라모델 조립은 취미로 하는 사람이 많은 편이므로 메이커 간의 정보 교류가 활발하게 일어나는 활동 중 하나이다.

● 플레이 하우스 키트 메이커

플레이 하우스 키트 메이커

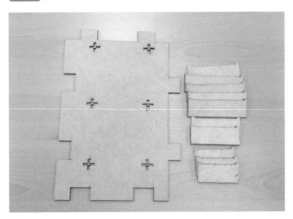

DIY를 활용하여 누구나 손쉽게 내가 원하는 형태의 공간, 하우스를 메이커 장비들을 가지고 지어보는 시간이다. 사람들에게는 '미니어처 하우스'라는 이름으로 많이 알려져 있으며 '소확행'의 일환으로 한동안 대중들 사이에서 선풍적인 인기를 끌었던 메이커 활동이기도 하다.

대화도서관 메이커스페이스에서 운영하는 4차산업 특화 메이커 프로그램
의 핵심 중 하나이다. 4차산업혁명 시대에 본격적으로 접어듦에 따라 공공도
서관을 인문 창의 공간으로 활용하기 위해 도입한 프로그램이라 할 수 있다.
이용객들의 3D프린터·3D모델링·레이저커터·조각기 등의 기술 교육에 대
한 수요와 필요성이 증가할 것을 예상하고 주민들의 니즈를 충족하고자 기획
했다.

● 3D프린터 메이커

그림51 3D프린터 메이커

'Mass Customization'이라 불리는 3D프린팅 기술을 통해 제품을 디자인
해보고, 직접 제작할 수 있는 프로그램으로 기획되었다. 대상 수준에 맞는 3D
프린터 소개 및 사용 방법을 안내하고 출력되는 과정을 체험해 본다. 특히 3D
프린터는 일반 가정에서 갖추기에는 쉽지 않은 고가의 장비이므로 공공도서관
에서 교육 및 체험의 기회를 제공함으로써 주민 간의 지식·정보 격차를 줄일
수 있게 된다.

● 레이저커터 메이커

프로그램 수강생들에게 생소할 수 있는 레이저커터에 대해 전반적으로
소개하고 컵 코스터, 명패 등 일상생활에 활용 가능한 작품을 만들어 보도록
한다.〔안전 등의 사유로 시연 교육 형태로 진행됨〕

그림 52 레이저커터 메이커

● 조각기 메이커

그림 53 조각기 메이커

조각기를 활용하여 단 하나뿐인 나만의 명함을 만들어 본다. [안전 등의
사유로 시연 교육 형태로 진행됨]

'Information and Communication Technologies'의 줄임말로 정보기술과 통신기술을 통칭한다. 장비 활용 메이커와 더불어 대화도서관 메이커스페이스 4차산업 특화 프로그램의 핵심직 역할을 하고 있으며 프로그램 이용객의 수가 점차 증가하는 추세에 있다.

● SW 코딩 메이커

그림 54 코딩 메이커

앞으로 4차산업혁명 시대를 살아감에 있어 필수 역량이 될 SW 기술과 컴퓨팅 사고력을 배우고, SW가 바꿀 수 있는 미래세상을 창작해 보는 융합 코딩 교육이다. 빅데이터 분석, 인공지능 등 다양한 분야에 활용되고 있는 프로그램을 학습해 직접 적용해볼 수 있는 프로그램으로 기획되었다.

요즘에는 코딩 교육이 학교 교육과정에도 정식으로 채택되어 포함되어있는 만큼 학생들에게는 상대적으로 친숙한 교육이지만, 성인의 경우 관련 분야에 종사하지 않으면 생소하게 느끼는 경우가 많다. 따라서 세대 간 나타날 수 있는 지식과 정보 격차를 줄이기 위해 도입하게 된 프로그램이다. 프로그램은 소프트웨어 기본 이해, HW코딩 체험, 블록코딩, 피지컬컴퓨팅 실습, 코딩과 미래직업 등의 과정으로 나누어 진행된다.

● IoT(사물인터넷) 메이커

그림 55 스마트 농장

　이미 우리 삶의 많은 부분을 차지하고 있는 사물인터넷의 원리를 알아보고 창의적 아이디어를 통해 IoT 제품을 제작하는 융합메이커 교육이다. 사물인터넷 원리 이해하기, 홈 IoT 체험, 스마트 농장 체험, IoT 화분 만들기, 공기 청청기 제작, IoT와 미래직업 등으로 나누어 프로그램이 진행된다.

● 로봇 메이커

그림 56 로봇 메이커

　로봇 상용화에 따른 무인 시대가 코앞으로 다가온 시점이다. 멀리서 사례를 찾을 것도 없이, 요즘에는 식당만 가더라도 사람 대신 음식을 나르는 서빙 로봇을 쉽게 만날 수 있다. 또한 여러 자동차 회사들이 열을 올리며 개발하고 있는 자율 주행 자동차만 하더라도 그렇다. 따라서 4차산업혁명 시대의 로봇의 역할과 중요성을 알아보고, 실제 로봇 작동 설계와 제작과정을 체험하는 로봇 메이커 교육이다. 프로그램은 로봇 작동원리와 구조, 스마트토이 로봇 체험, 로봇팔 메이커 체험, 무인 주차 로봇 제작, 무인 카레이서 제작, 로봇과 미래직업으로 세분화하여 진행된다.

● 드론 메이커

그림57 드론 메이커

드론은 하늘 위의 산업혁명이라 불리며 다양한 분야에 활용되고 있다. 드론의 대중화가 대두되면서 일반인들도 합리적인 비용으로 드론을 손쉽게 구매해 사용할 수 있게 되었다. 자신들이 방문한 명소의 항공샷을 소셜 네트워크 서비스에 업로드하는 것도 유행처럼 번지고 있다. 이러한 시대를 맞이해 산업에서의 드론의 역할과 활용 방안, 그리고 드론 분야와 관련된 미래직업을 배우는 드론 메이커 교육을 진행한다. 프로그램은 드론안전법, 이색드론시연, 드론비행실습, 드론 시뮬레이션, 드론과 미래직업 등으로 구성되어 있다.

● VR/AR 메이커

그림58 VR 메이커

실감 미디어 시대는 낯선 것 같으면서도 '포켓몬 GO'와 같은 게임 형태로 이미 우리 삶에 스며들어 있다. 따라서 다가오는 실감 미디어 시대를 대비하기 위해 VR/AR의 원리와 기술을 체험하고 습득하는 상상 메이커 교육이다. VR/AR 메이커 교육은 VR/AR제작 기술, 가상현실 체험, 360 카메라 촬영 실습, VR/AR과 미래직업 등의 프로그램으로 구성되어 있다.

3. 메이커 체험으로 하나 되는 가족

가족이 한자리에 모이기 점점 어려워지는 시대이다. 예전에는 저녁 시간이 되면 일과를 마친 가족들이 함께 둘러앉아 식사하는 것이 당연한 일상으로 여겨졌다. 가족을 달리 일컫는 식구라는 말은 곧 밥을 함께 먹는 사람들을 의미하는 것이기도 했다.

하지만 사회가 점차 개인화되고 개인의 생활이 존중받게 되면서 가족 내에서도 개인의 영역이 이전에 비해 넓어지게 되었다. 요즘은 자녀가 있는 가족이라 하더라도 각자 식사하는 경우가 많아졌다. 학생을 자녀로 둔 주변 지인들의 이야기를 들어보면 아이들은 심지어 학원가 편의점이나 분식점 등에서 끼니를 해결하는 일도 다반사라고 한다. 이제는 가족 행사라는 이름으로 외출하는 날이 아니고서야 하루 한 번 가족 모두의 얼굴을 한자리에서 보기도 어려워졌다는 말이다. 이렇듯 뿔뿔이 흩어져 일상을 보내는 사람들에게 가족끼리의 시간, 가족의 의미를 되찾아주고 싶었다.

그뿐 아니라 도서관을 방문하는 것을 마치 해치워야 하는 의무처럼 재빨리 끝내고 돌아가는 사람들에게 도서관이라는 공간에 대해 재인식할 수 있는 계기를 만들어 주고 싶기도 했다. 도서관이라는 공간도 오래 머무르기에 충분히 즐거운 공간이며 마음만 먹으면 얼마든지 좋은 추억을 만들고 돌아갈 수 있는 곳으로 각인시켜 주고 싶었다. 사람들이 도서관에서 가족들과 함께 즐거운 추억을 만들게 된다면 이 공간에 대한 다른 인상을 줄 수 있을 것으로 생각했다. 그러니까 가족이라는 단위를 교육 프로그램의 타깃으로 삼은 것은 요즘의 현실을 반영한 회심의 카드였던 셈이다.

그림 59 가족 대상 프로그램

실적 - 교육 후기

[VR 교육]
가족
주말VR
체험

2020년 01월 18일
오전 10:00 ~ 오후 12:00
메이커스페이스

그림 60 프로그램 홍보물

메이커&북패밀리
페스티벌

2019. 5. 18.(토) 10:00~17:00
대화도서관 메이커스페이스 및 성저공원
참여인원 : 5000여명   주 관 : 대화도서관

메이커체험
- 3D프린터로 만든 아이언맨과 기념촬영
- 가상현실 & 증강현실 체험
- 드론 비행 / 드론 이착륙
- 동물통통 체험
- 가족 메이커 체험
- 컵케익 뱃누 만들기 체험
- 가죽핸즈 만들기
- 3D입체 퍼즐 체험
- 페이스 페인팅 체험
- 앞치 색갈마 체험

고양시립대화도서관

드론 메이커 캠프

그림 61 드론 메이커 캠프

● 양육자와 함께하는 드론 만들기

아빠와 딸, 혹은 엄마와 아들, 할머니·할아버지와 손주 등 다양한 형태로
구성된 가족이 아이스크림 막대, 빨대 등의 흔히 볼 수 있는 재료로 드론을 만
들어 보는 체험을 해본다. 또한 드론을 보며 드론의 원리를 이해하고 드론에
대한 흥미를 유발하는 프로그램이다.

스마트 홈 메이커 캠프

그림 62 스마트 홈 메이커 캠프

● 가족이 함께 만드는 스마트 홈 메이커 캠프

카드보드를 활용하여 스마트 홈을 직접 만들어 보며 실생활에 밀접하게 다가온 사물인터넷에 대한 이해를 높이는 프로그램이다.

피규어 메이커 캠프

그림 63 피규어 메이커 캠프

● 양육자와 함께 만드는 피규어 메이커 캠프

아빠와 딸, 혹은 엄마와 아들, 할머니·할아버지와 손주 등 다양한 형태로 구성된 가족이 클레이 아트 및 지점토 등 다양한 재료를 활용하여 갖가지 캐릭터를 피규어처럼 만들어 보는 메이커 활동이다.

로봇 메이커 캠프

그림 64 로봇 메이커 캠프

● 양육자와 함께 만드는 로봇 메이커 캠프

아빠와 딸, 혹은 엄마와 아들, 할머니·할아버지와 손주 등 다양한 형태로 구성된 가족이 골판지, 재활용품, 로봇 키트 등 대상 수준별 다양한 재료를 활용하여 로봇을 만들어 보는 프로그램이다.

4. 4차산업 기술로 시작되는 인생의 제2막

우리가 프로그램의 교육 대상으로 삼은 연령층은 시니어 층이었다. 물론 연령에 따른 구분을 아동과 성인으로만 대별하고 시니어 층을 성인의 범주에 넣을 수도 있었지만 그렇게 하지 않은 이유가 있다. 이들은 디지털 취약 계층이기도 하고, 4차산업 신기술을 다소 생소하게 여길 수 있는 세대이기에 그들의 속도에 맞춘 보다 섬세한 교육이 요구된다고 생각했기 때문이다.

사실 급작스러운 변화에 대한 시니어 세대의 적응 문제는 꾸준히 지적되어 왔다. 코로나19가 한창 기승을 부릴 무렵 이들이 QR코드의 사용 방식에 익숙하지 않아 음식점 출입에 어려움을 겪던 일이나, 키오스크의 대중화 이후 음식을 주문하는 데 난관을 겪던 일들이 그렇다.

하지만 이러한 문제들은 사회가 충분한 시간과 노력을 기울여 이들에게 적응과 배움의 시간을 제공함으로써 해결해나갈 수 있는 부분이다. 시니어 세대도 일단 새로운 기술을 습득하기만 하면 얼마든지 그 기술을 자신들의 삶을

풍성하게 하는 데 사용할 수 있다. 우리가 익히 알고 있는 실버크리에이터 박막례 할머니만 하더라도 그렇지 않은가. 박막례 할머니 인생의 제2막은 유튜브라는 날개를 달고 순항하는 중이다. 또한 이들이 제공하는 콘텐츠에 담긴 연륜과 혜안은 젊은 사람들이 따라갈 수 없는 것이기도 하다. 이러한 점에 주목하여 시니어 세대가 대화도서관 메이커스페이스에서 습득한 지식과 정보를 또 다른 이들에게 전파하는 메이커가 될 수 있기를 바라는 마음으로 프로그램을 구성하게 되었다.

▎3D프린터 메이커

그림 65 3D프린터 메이커

　　3D프린터 소개 및 사용 방법을 안내하고 출력되는 과정을 체험해 본다. 교육 대상 수준을 고려하여 연령별 맞춤형 교육으로 진행된다.

▎레이저커터 메이커

그림 66 레이저커터

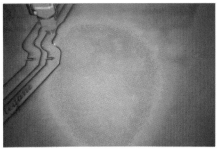

레이저커터에 대해 소개하고 일상생활에서 활용 가능한 작품 만들어 본다. [안전 등의 사유로 시연 교육 형태로 진행됨]

조각기 메이커

그림 67 레이저 조각사

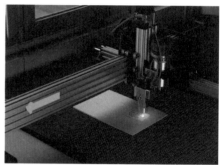

조각기를 활용하여 나만의 명함을 만들어 보는 시간을 가진다. [안전 등의 사유로 시연 교육 형태로 진행됨]

5. 창의융합적 크리에이터를 꿈꾸며

마지막으로 급변하는 미래를 위한 교육도 필요하다고 판단되어 다양한 소프트웨어 교육도 추가 진행되었다. 어쩌면 지역 사회의 평생교육 및 지식 정보의 보고가 되어야 할 도서관에서 필수적으로 해야 할 교육이었는지도 모른다.

하지만 어떤 콘텐츠로 교육을 해야 하며, 누가 강의를 할 것이고, 가장 중요한 것은 지역사회에서 필요로 하는 사람들이 있는가에 대한 설문조사는 어떻게 할 것인가부터 산재된 것들이 많았다. 그러나 매년 대화 메이커스페이스 교육을 받은 이용자들의 설문조사를 통해 그들의 필요성을 파악하게 되었고, 어쩌면 인공지능의 정보 격차 해소를 위해 일조를 할 수 있다는 판단하에 집중적인 교육이 시작되었다.

결과적으로, 지역 사회 작은 동네 도서관에서 어쩌면 미래의 혁신을 이끌어갈 정보의 메카로 반란과 혁명을 일으켰던 것이 아닐까?

그 결과에 대한 내용은 실로 놀라울 따름이다.

● 3D펜 교육 프로그램

3D펜을 기본으로 하여 다양한 활용에 관한 지식과 기법 습득을 목적으로 하였다. 이 과정을 통해 심리적 안정 증대를 꾀하고, 교과 및 미래직업과 연계된 수업으로 흥미를 유발하였다.

● 3D프린터 교육 프로그램

미래사회 변화에 따른 교육 방향 전환과 새로운 일자리 지형의 변화 적응 및 신기술을 활용한 학습자 미래 핵심 역량 신장 수업을 제시하였다. 그리고 상상을 현실화하는 능력을 함양할 수 있는 수업으로 진행하였다.

● VR 교육 프로그램

자신이 배운 것을 실제로 적용하고 체험과 VR 관련 콘텐츠 경험을 증대
하였다. 콘텐츠 산업 일자리 창출 및 창업 확대와 관련된 실무와 전문 지식을
체계적으로 습득할 수 있는 기회였다.

● 로봇 프로그램

로봇 제어 프로그래밍 방법 및 자동화 시스템 설계를 습득하였다. 로봇에
대한 기본 구성 및 개념 이해를 통해 로봇의 정확한 제어를 수행할 수 있도록
하는 제어기를 설계하고, 로봇과 관련된 제반 기술을 습득할 수 있도록 유도
하였다.

● 메이커 프로그램

　다양한 재료를 활용하여 창의성을 발휘하도록 하고, 만드는 과정을 통해 성취감 고취를 꾀하였다. 여러 가지 부속을 이용한 특정 모델 만들기를 통해 메이커 능력 향상에 힘썼다.

● 메이커융합 프로그램

　미래사회 변화에 따른 교육 방향 전환과 새로운 일자리 지형의 변화에 적응하는 시간을 가졌다. 신기술을 활용한 학습자 미래 핵심 역량 신장 수업을 진행하고, 장비 융합을 통한 새로운 체험을 경험하도록 하였다.

● 메타버스 프로그램

　메타버스 프로그램을 통해 학습자가 좀 더 쉽게 메타버스의 세계로 한발 다가갈 수 있도록 도와줌으로써 학습자는 새로운 경험과 교육을 통해 자신의 능력 및 창의력을 증대할 수 있다.

● 멘토링 프로그램

　자신이 제작한 다양한 제품 및 설계 도안 등을 멘토를 통해 새로운 해법을 구하고 멘토의 다양한 경험과 노하우를 전수받아 나만의 스타일로 융합 및 제작해 보았다.

● 미디어교육 프로그램

영상 촬영 및 편집을 통해 새로운 일자리 및 경험을 할 수 있으며 프로그램 교육을 통해 새로운 기술을 터득하였다. 영상편집 및 촬영, 유튜브 및 SNS 콘텐츠 분야에 대한 이해도 향상하였다.

● 아두이노 프로그램

창의적인 사고력 증대와 사고 회로를 통해 논리적으로 사고하는 방법을 습득하고, 새로운 패러다임에 쉽게 적응하도록 도왔다. 컴퓨터 언어 이해를 통한 컴퓨터 능력 역시 향상하였다.

● 영상편집 프로그램

영상에 대해 폭넓게 이해하도록 교육하였다. 쉬운 영상을 제작해 보고,
영상 제작을 통한 창의성과 자존감 상승을 꾀하였다.

● 웹툰 프로그램

학습자의 정서 및 심리적 안정과 스토리와 관련된 창작력을 증대하고자
하였다. 나만의 이야기를 만드는 과정에서 자존감을 향상시키고, 콘텐츠 제작
활동을 통한 새로운 직업 세계를 경험할 수 있다.

● 인공지능 프로그램

코딩을 통해 인공지능 프로그램을 습득하고, 나아가 딥러닝을 통해 사물을 보는 이해력 향상으로 학습자의 흥미와 새로운 경험을 고취시키며, 미래 역량을 신장하는 데 주안점을 두었다.

● 코딩 프로그램

창의적인 사고력을 이끌어 내었다. 사고 회로를 통해 논리적으로 사고하는 방법을 증대시키고, 새로운 패러다임에 쉽게 적응하며, 컴퓨터 언어 이해를 통한 컴퓨터 능력이 향상하도록 하였다.

● 테마별 DIY 프로그램

테마별 DIY를 통해 제작 및 코딩의 전반적인 부분을 체험하며 접하기 어려운 부분을 더욱 쉽게 접근하였고, 학습자로 하여금 새로운 학습과 흥미 증진을 통한 참여도를 증대하였다.

PART

5

변화하는 공간、 사람、 시간

PART

5

변화하는 공간, 사람, 시간

1. 변화하는 공간

그림 68 완성된 메이커스페이스의 모습

그림 69 프로그램 홍보

그림 70 메이커 활동물 전시

　　메이커스페이스 프로그램을 구상하는 와중에도 내내 머릿속을 떠나지 않았던 고민이 있다. 메이커스페이스라는 개념을 대화도서관 안에 어떻게 구현할 것인가의 문제였다. 즉, 물리적 공간에 대한 청사진이 필요했다. 앞서 살펴보았던 해외 도서관들의 경우 이미 쓰임이 있던 공간에 가변적으로 메이커스페이스를 운영하는 사례도 있었고, 아예 전용 공간을 새로 짓는 사례도 있었다. 이 중 대화도서관에 어떤 노선을 택하여 적용할 것인지를 결정해야 했다.

　　우선 서가가 있는 자리는 그대로 보존해두기로 했다. 이것은 변화를 꾀하더라도 언제나 책이 중심이라는 것을 잊지 말자는 원칙이기도 했다. 이 원칙을 염두에 두고 책이 자리하지 않은 공간들을 살펴보니 크게 세 장소가 눈에 들어왔다. 지하 1층에 널찍이 자리하고 있으나 별 쓰임이 없이 방치되고 있는 자투리 공간, 1층 연속간행물실, 2층 창고가 그곳들이다. 우리는 공간의 효율성을 고려한 끝에 지하 공간을 창업·창의공간으로, 1층 연속간행물실을 메이커스페이스로, 2층 창고를 웹툰스토리창작실로 편성하기로 했다.

그림 71 지하1층 자투리 공간   그림 72 창업 · 창의공간이 된 자투리 공간

그림 73 1층 연속간행물실   그림 74 메이커스페이스

그림 75 2층 웹툰스토리창작실   그림 76 2층 유튜브 창작실

특히 1층 연속간행물실은 공간 전체를 리모델링하여 메이커스페이스 전용 공간으로 사용하기로 했다. 이 공간은 177.56㎡의 상당한 넓이였으므로 다각도의 논의 끝에 이 공간을 상상마루, 뚝딱뚝딱 공작소, 디지털 공작소로 나누어 활용하기로 했다.

● 상상마루

그림 77 상상마루 설계도와 완성된 공간

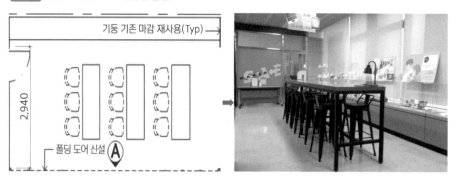

상상마루는 자율체험형 스페이스로 기획된 공간으로 어린이 또는 가족이 자율적으로 메이커 체험을 할 수 있는 공간으로 구성되어 있다. 어린이 및 가족 단위가 주로 사용하는 공간이므로 아늑하고 밝은 느낌을 주면서도, 상상력과 창의력을 발휘할 수 있도록 빈티지한 스타일의 감성적인 공간으로 구성해 보았다.

또한 1인 공작과 팀(4-6인) 공동 공작 활동을 가변적으로 운영할 수 있도록 쉽게 운반해 배치할 수 있는 키즈 전용 책상을 세팅했다. 벽면 공간에는 기자재들과 공구, 메이커 키트 번들, 메이커 관련 도서를 전시해 두고 창작물 전시공간으로 복합적으로 활용할 수 있도록 했다. 더 넓은 공간이 필요할 것에 대비하여 뚝딱뚝딱 공작실과 개폐형 문을 설치하여 유동적으로 공간을 구성한 것도 특징이다.

● 뚝딱뚝딱 공작실

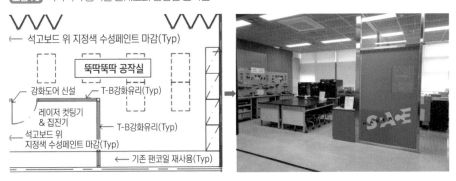

그림 78 뚝딱뚝딱 공작실 설계도와 완성된 공작실

뚝딱뚝딱 공작실은 기자재를 기반으로 한 공작공간이다. 3D프린터, 레이저커터, 레이저조각기 등의 장비와 각종 공구들이 모여 있고, 공예·공작 등 장비를 활용하거나 도구를 사용하는 메이커 활동을 위해 기획되었다. 장비 활용 메이커 활동의 경우 안전상의 문제로 인해 교육 형태로 진행되는 경우가 많으므로 여러 명이 한 번에 메이커 체험·교육 활동을 할 수 있도록 10~16명까지 수용할 수 있는 책상을 설치해 두었다.

● 디지털 공작실

그림 79 디지털 공작실 설계도와 완성된 공작실

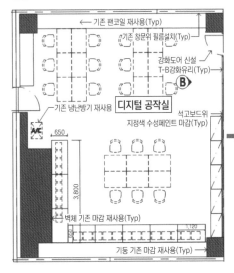

디지털 공작실은 ICT 기반 공작공간으로 설계되어, 현재 ICT 활용 메이커 활동 공간 및 디지털 아트 체험공간으로 쓰이고 있다. 디지털 아트 체험형 공간으로 활용하기 위해 빔프로젝터가 설치되어 있고 키넥트를 활용해 인테리어를 구성했다. 디지털 아트 메이커, 코딩 메이커, VR/AR 메이커, 드론 메이커, 로봇 메이커 등의 메이커스페이스 프로그램이 이곳에서 진행되며 최대 10명이 수업할 수 있는 공간으로 구성하였다.

2. 변화의 마지막 퍼즐, 사람

대화도서관 공간 혁신의 마지막 퍼즐은 사람, 바로 대화도서관의 사서들이었다. 공간의 완성은 그 공간에 속한 사람과 함께 이루어지기 때문이다. 도서관 없는 사서는 상상할 수 없고, 사서 없는 도서관도 상상할 수 없다. 도서관과 사서는 서로가 서로에게 존재함으로써 온전히 완성되는 존재들이다. 이는 4차산업혁명 시대가 시작되었다고 하더라도 여전히 변함없는 사실이다.

이들이 변화하기로 마음먹은 시점은 RIMS 프로젝트의 프로그램과 공간에 대한 준비가 이미 마무리 단계에 접어들었을 무렵이었다. 그러니 일을 그대로 진행한다고 하더라도 변화의 톱니바퀴는 굴러갈 터였다. 하지만 이들은 자신들 역시도 쇄신의 길에 도전하기로 마음먹었다는 결심을 전해 왔다. 이들은 대화도서관의 사서이기도 했지만, 동시에 새 시대를 맞게 된 한 인간이기도 했다. 새로운 시대의 시작이라는 거대한 변화가 이들만 피해갈 리는 없으니, 그렇다면 변화의 흐름에 몸을 맡기자는 것이 대화도서관 사서들의 결심이었던 것이다.

이들의 결심 이후 우리는 '사서 프로그램'이라는 것을 따로 만들었다. 정확히 말하자면 대화도서관 사서들이 '미래형 대화도서관 사서'로 변신하기 위한 준비 작업이라고 할 수 있겠다. 이들은 기존의 도서관을 이끌어나가는 데 있어서 이미 전문가였지만, 도서관이 미래를 위해 준비한다면 사서 역시 그러해야 했기 때문이다. 대화도서관이 새로운 공간과 새로운 프로그램을 갖추었다면 사서 역시 풍부한 지식을 가지고 그것을 장악할 수 있어야 하므로 나 역시 그 취지에 깊이 공감하고 방향을 함께 모색해 보기로 한 것이다.

사서 역량 강화 프로그램 최초 기획안

회기	내용	형태	강사(안)
1회기	• 4차 산업 시대와 메이커 문화	세미나(2시간)	교육전문가
2회기	• 도서관에서 진행하는 메이커 교육 사례 및 방법론	세미나(2시간)	내부 강사
3회기	• 도서관에서 진행하는 메이커 교육 활동	실습(2시간)	메이커
4회기	• 메이커 기초 장비 이해 1 (3D프린터)	실습(2시간)	3D프린터 전문가
5회기	• 메이커 기초 장비 이해 2 (레이저커터)	실습(2시간)	레이저커터 전문가

사서 장비 활용 능력 프로그램 최초 기획안

프로그램	내용	형태
3D프린터	• 3D프린터의 원리 이해 • 3D프린터 사용 방법 실습 • 슬라이싱 과정 실습	8주 과정
레이저커터	• 레이저커터의 원리 이해 • 레이저커터 사용 방법 실습 및 주의사항 • 프로그램 통한 디자인 작업 실습	6주 과정
드론	• 드론 작동원리 및 안전 유의사항 • 드론 조종 실습 • 드론 촬영 실습	4주 과정

이들 모두 패기 넘치게 도전하긴 했지만 막상 접한 프로그램들은 말 그대로 생소했다. 머리로는 이해하고 있던 것들도 실제로 활용해보는 프로그램에서는 너도나도 실수를 남발했다. 하지만 괜찮았다. 누구에게나 처음은 있기 마련이다. 게다가 이때 사서들이 프로그램을 미리 돌려보고 겪은 시행착오들은 후에 주민들을 대상으로 메이커스페이스를 운영할 때 많은 도움이 되었다.

이렇듯 대화도서관 사서들의 분골쇄신을 마친 뒤, 우리에게는 하나의 과정이 더 남게 되었다. 도서관 내에 4차산업 기술 및 장비 관련 전문가 상주 시스템을 구축하기로 한 것이다. 미국 도서관의 경우 자원봉사자나 이미 메이커로 활동하고 있는 지역 주민들이 메이커스페이스 운영을 도맡거나, 도와주는 사례들이 적잖았다. 그러나 아직 한국에서는 메이커라는 개념이 널리 정착되지 않아 메이커스페이스가 지역 주민들의 정보 공유를 통해 운영되기에는 어려움이 있었다. 우리는 사서들과 함께 도서관의 변화를 지속적으로 관리해 줄 사람이 필요하다고 느꼈다. 이를 위해 외부 전문가를 물색해 꼼꼼하게 검증한 후 선발하는 것으로 대화도서관 RIMS 프로젝트의 마지막 준비는 끝이 났다. 이제 대화도서관은 새로운 시대를 맞이하여 출항할 준비를 마친 것이다.

3. 4년의 변화, 그리고 지금

2018년, 드디어 대화도서관의 RIMS 프로젝트가 출범했다. 교육을 위한 공간 구축과 프로그램 기획이 완료된 후 대화도서관에서는 총 43회의 교육 프로그램이 진행되었다. 첫해였기에 다소 서툰 부분도 있고 묘한 긴장감도 감돌았지만, 막상 뚜껑을 열었을 때 지역 주민들의 반응은 예상보다 더욱 뜨거웠다. 2018년 3개월 시범 실시한 결과 총 506명의 인원이 교육을 이수한 것이다. 불확실한 미래에 투자한 것이지만 우리의 안목이 틀리지 않았음을 확신할 수 있는 순간이었다.

어린이들의 메이커 체험을 위해 만들어진 전용 공간에서 즐겁게 무언가를 만들며 시간을 보내던 어린이, 새로운 장비를 만지며 신기해하던 어르신, 자신의 진로를 찾았다며 미래에 대한 기대로 설레하던 대학생, 아빠와 시간을 보낼 수 있어 좋았다는 아들과 그 아들을 사랑스럽게 쳐다보던 아빠와 엄마. 이 모든 순간이 그간의 고생을 날려버리는 듯했다. 첫해 프로그램은 '메이커 페스티벌'이라는 공유의 장을 통해 성과를 개방하고 공유하는 가운데 성황리에 끝났다.

이때의 성공적인 프로그램 운영을 통해, 우리는 자신감을 얻음과 동시에 더 나은 공간과 프로그램을 만들어나가야겠다는 책임감을 가지게 되었다. 그리고 2019년, 대화도서관은 창업진흥원이 주관하는 '공공도서관 메이커스페이스 구축·운영사업 주관기관'으로 선정되는 쾌거를 이루게 된다. 이는 그간의 노력이 공인되었다는 즐거움과 함께, 더 많은 프로그램을 개발 및 운영할 수 있으리라는 기대를 불러일으켰다. 같은 해, 우리는 프로그램 참여를 원하는 신청자 수를 보고 놀라움을 금할 수 없었다. 그간 진행한 프로그램 홍보의 결과도 좋았지만, 2018년 프로그램에 참여했던 주민들의 입소문 덕에 프로그램은

나를 변화시킨 건 동네 작은 도서관이었다

그야말로 성황이었다. 결과적으로 2019년에는 첫해보다 약 8배 많은 235회의 프로그램을 운영하게 되었고 교육 인원은 약 6배인 3,142명에 달하게 되었다. 예상치 못했던 놀라운 수치였다.

그러나 2020년, 순항을 거듭하던 메이커스페이스의 운영은 전에 없던 위기를 맞게 된다. 그 누구도 예상치 못했던 재난, 코로나19의 여파로 기존에 오프라인에서 대면으로 진행되던 프로그램을 더는 진행하기 어렵게 된 것이다. 메이커스페이스는 공간 그 자체로도 사람들에게 아이디어와 영감을 줄 수 있기 때문에 대면 진행을 할 수 없게 된 상황은 대단히 아쉬울 수밖에 없었다. 하지만 지난 2018년 RIMS 프로젝트를 준비하며 다양한 경험을 했던 만큼, 좌절하기보다 이를 또 다른 기회로 여기기로 했다. 우선 온라인으로 전환할 수 있는 프로그램과 어쩔 수 없이 오프라인으로 진행해야 하는 프로그램을 구분했다. 이후 온라인으로 전환할 수 있는 프로그램은 곧바로 온라인으로 진행했다. 이때는 대화도서관 사서들이 가진 온라인에 대한 높은 이해도가 문제해결에 큰 힘이 되었다.

그림 80 온라인 메이커&북 페스티벌

그림 81 온라인 메이커 체험

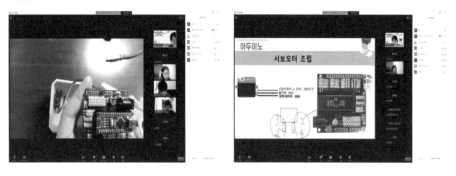

그림 82 온라인 메이커 프로그램 진행

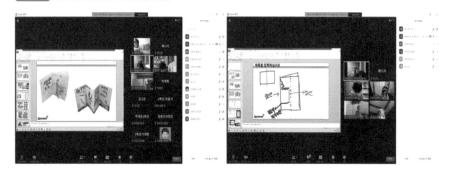

  아울러 불가피하게 오프라인으로 진행할 수밖에 없는 프로그램은 정부
지침에 따라 방역 수칙을 철저히 지키며 지역 주민들이 원하는 프로그램에 참
여할 수 있도록 지원했다. 이렇게 프로그램을 진행한 결과, 비록 참여 인원의
제한으로 전년 대비 교육 인원은 2,448명으로 줄었지만, 교육 프로그램은 전
년 대비 8회 많은 243회를 진행할 수 있었다. '메이커 페스티벌'도 온오프라인
을 활용하여 최대한 주민들과 함께하는 시간이 될 수 있도록 노력했다. 온라
인 교육을 진행할 때도 일방적인 강의 형식이 아니라 쌍방향 소통이 가능한
플랫폼을 활용해 주민들의 적극적인 참여를 유도했다.

  이뿐 아니라, 교육에 참여하지 못하는 지역 주민을 위해 유튜브 채널 '대
화라메TV'를 개설했다. 이곳에는 4차산업 기술이 익숙지 않은 사람들을 위해
기초적인 코딩 강의, 앱 만들기 강의, 영상편집 강의 등을 업로드했다. 또한
사람들에게 메이커의 존재를 널리 알리기 위해 '메이커 비긴즈'라는 체험형 시
리즈물을 업로드함으로써 메이커 활동을 간접 체험해 볼 수 있도록 했다. 이
채널을 통해 대화도서관의 변화와 교육 프로그램의 진행현황을 공개할 수 있

었고, 교육에 참여하지 못한 사람도 함께 성과물 등을 볼 수 있는 기회가 생겼다. 온라인으로 메이커 프로그램을 진행하면서 오프라인으로 진행할 때보다 더 많은 사람이 정보를 얻을 수 있게 된 것은 뜻밖의 수확이었다.

우리는 이 장점을 놓치지 않고 사람들과 소통할 수 있는 온라인 창을 더 넓혀나갔다. 먼저 대화도서관 메이커스페이스 전용 블로그를 개설해 4차산업혁명 시대를 맞이해 필수적이라고 판단되는 지식과 정보성 글들을 포스팅하기 시작했다. 4차산업혁명에 대한 기본적인 지식부터 시작해 드론, 가상현실, IoT(사물인터넷), 아두이노, 코딩 등 새로운 시대에 필수적인 역량이라 판단되는 지식이 이곳에 모두 모여 있다. 또한 젊은 세대와의 맞춤형 소통을 위해 인스타그램도 운영하기 시작했다. 바야흐로 대화도서관의 온라인 메이커스페이스 시대가 활짝 열린 것이다.

그림 83 유튜브 대화라메TV

그림 84 메이커스페이스 블로그

그림 85 메이커스페이스 인스타그램

시간이 지나면 상황이 나아지리라는 믿음과 함께 여러 노력을 기울였지만 2021년에도 어려운 상황은 좀처럼 개선되지 않았다. 오히려 2020년보다 어려운 순간들이 생기곤 했다. 하지만 3년이라는 시간만큼 쌓인 노하우와 대책이 있었기에 2021년 외부 상황도 큰 장애 요소가 되지는 않았다. 대화도서관은 그간 해왔던 것처럼 침착하게 프로그램을 운영해 나갔고, 위기의 상황 속에서도 교육 프로그램을 234회 운영해 총 2,443명의 지역 주민이 성장해 나갈 수 있는 발판을 마련할 수 있었다.

2018년부터 2021년까지, 대화도서관은 비전과 목표를 바탕으로 RIMS 프로젝트를 통해 끊임없이 변화를 추구해 왔다. 이 변화는 대화도서관이 지역 주민을 위해 가치를 담고, 방법을 고민하는 과정에서 자연스럽게 흘러왔다고 생각한다. 이러한 과정에서 대화도서관은 새로운 공간으로 변모했고, 공공도서관의 새로운 가능성을 보여주고 있었다.

그리고 2022년, 우리는 이제 2018년의 비전과 목표를 계승할 새로운 방향성을 정립했다. 이 방향성의 목적지는 '대화도서관 공간 혁신모델 완성'이다. 이를 위해 2021년 겨울, 우리는 대화도서관이 지난 4년간 이루어 왔던 변화와 성과를 돌아보고, 개선점과 필요성을 분석한 후 더 나은 방향으로 나아가기 위한 준비운동을 시작했다.

우선 지역 주민의 니즈를 반영하여 취업·(예비) 창업자 지원이라는 프로그램을 기획하여 운영하기 시작했다. 이는 대화도서관의 외연이 확장되고 있음을 의미하기도 한다. RIMS 프로젝트는 대화도서관이 평생교육 학습과 미래산업을 경험하는 공간으로 발돋움하여 지역 주민의 정보 격차를 줄였다. 이제는 여기에 더해 주민들의 '지적인' 정보 격차 이외에도 생활 전반의 정보 격차를 줄일 수 있는 도서관을 만들고 싶다는 소망을 가지게 되었다. 취업·(예비)창업자 지원은 이러한 소망의 작지만 힘찬 첫 발걸음이다.

그림 86 창업자 프로그램

그림 87 콘텐츠 프로그램

아울러 우리는 그간 함께해 오던 RIMS 프로젝트를 ROSE 프로젝트로 한 단계 진화시켜 대화도서관 메이커스페이스를 '콘텐츠 창의 공간'으로 만들어나가고자 한다.

그림 88 ROSE 프로젝트 개요도

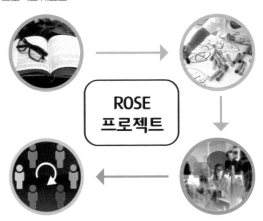

01 Reinvention	02 Originality	03 Search	04 Exchange
도서를 통해 생각에 대한 재창조	아이디어를 뛰어넘는 자신만의 독창적 표현	내 아이디어를 다른 사람과 비교해보기	최종결과물의 과정을 설명하고 정보 교환해 보기

RIMS 프로젝트는 지난 4년간 대화도서관을 이용하고 교육 프로그램에 참여하는 사람들에게 직접적으로 교육을 경험하고 공유하는 프로세스를 제공했다. 하지만 우리의 도전은 끝난 것이 아니었다. 이제는 대화도서관을 찾는 사람들이, 보다 개성적이면서도 다른 사람을 통해 통찰력을 얻는 경험을 확대하기를 기대한다. 이는 그간 대화도서관에서 진행한 프로그램들로 지역 주민들 사이에 어느 정도 메이커 층이 확보되었기에 시도할 수 있는 일이기도 하다. 이러한 기대와 바람이 RIMS 프로젝트의 새로운 모습, ROSE 프로젝트를 탄생시키기에 이른 것이다. 물론 이 방향성이 어떻게 흘러갈지는 알 수 없고 ROSE 프로젝트가 이루어낼 미래상은 아직 불확실하기만 하다. 우리가 RIMS 프로젝트를 시작했을 그때처럼 말이다. 다만 우리가 확신할 수 있는 것은 대화도서관은 시대와 호흡하며 성장하고 발전해 나갈 것이라는 점이다. 우리는 우리가 노력하며 쌓아온 그 시간을 믿는다.

PART

6

대화도서관 속
사람들의 이야기

대화도서관 속 사람들의 이야기

1. 나를 변화시킨 동네 도서관의 반란

2019년부터 2022년까지, 지난 4년간의 변화와 그에 따른 결과는 실로 놀라울 따름이다. 대화도서관에서 진행되었던 다양한 체험과 교육, 멘토링은 공간의 변화를 넘어서 사람과 삶의 변화를 일으키는 놀라운 결과를 내었다.

다음에서는 대화도서관에서 실제 진행했던 프로그램과 경험 후기들을 통해 사람들의 삶 속에 어떤 변화들이 찾아왔는지 살펴보자.

2. 우리는 이렇게 지내왔어요

고양시 시립도서관인 대화도서관에서는 먼저 시작을 위한 '교육목적'이 절실히 필요한 상황이었다. 그 이유는 도서관은 책과 공간을 빌려주는 곳으로 인식되었기에 새로운 메이커 교육을 하기 위해서는 이에 맞는 확고한 목적이 정립되어야 했기 때문이다. 그래서 강조한 부분은 빠르게 변화되는 4차산업혁명 시대에 필요한 창의융합 인재 양성을 위한 여건 조성을 위해 도서관 내 시설과 자원을 활용하여 스토리창작과 메이커스페이스 및 창업창의공간의 IT기술이 융합된 다양한 메이커 프로그램이 필요하다고 정의하였다.

혁신을 촉진하는 도서관 메이커 교육과 주변 지역사회에 필요한 STEM(과학, 기술, 공학, 수학) 학습분야와 같은 다양한 교육 경험을 제공하며, 변화되는 지역 사회의 정보를 연결하며 디지털 리터러시를 강화하여 지역경제 및 혁신적인 지원을 하고자 했다. 이러한 확고한 교육목적을 가지고 일정한 기간과 예산 등을 편성하게 되었다.

대화도서관 창의융합 교육 프로그램이 시민들에게 잘 홍보되고, '대화도서관 메이커스페이스'가 고양시 대표 메이커 무브먼트 거점으로 성장하는 기반을 마련하려는 특징을 더욱 강조하는 프로그램을 진행하였다.

교육분야는 크게 세 가지로 구별하여 진행하였다. 첫째는 지난해의 시범 운영을 바탕으로 조금 더 수준 높은 교육을 실시하며, 각 교육별 전문강사를 배치하여 효율을 높이고, 고양시 관내와 유관기관과의 원활한 관계 구축을 통해 협업하는 모델을 만들고자 했다.

둘째로 대화도서관 니즈 및 인프라 기반의 창의융합 프로그램을 기획하였다. 대상별 맞춤형 프로그램 제작을 위해 어린이, 청소년, 성인 대상 프로그램을 특별하게 편성하였으며, 대화도서관 2층 공간에 있는 '스토리창작실'에 입주업체, 즉 웹툰 스타트업이나 프리랜서를 입주하여 그들과 콜라보 할 수 있는 교육 프로그램도 편성하였다. 대화도서관 주변에 있는 성저공원에서 드론을 날릴 수 있도록 하기 위한 협조도 이끌어내어 도서관 주변 전체가 창의적인 교육들이 일어날 수 있도록 하였다.

세 번째로는 대화도서관을 고양시의 넘버원 메이커스페이스로 자리 잡게 하기 위해 관내 이슈가 될 수 있는 메이킹프로그램 운영을 하기로 했다. 예를 들어 한글날, 책의 날, 크리스마스 등 특별한 기간에는 메이커 기획 및 행사 등을 진행하여 주변에 숨어 있는 메이커들을 발굴해 낼 수 있는 프로그램도 편성하였다.

이러한 취지를 포함하여 교육 프로그램 등을 만들어 운영하게 되었다.

교육 실천 및 운영을 위한 전략

우리는 교육 프로그램 등을 운영하기 전에, 아래와 같은 교육 실천 및 운영을 위한 3가지 전략을 수립하였다.

첫 번째 전략은 대상별 수요와 눈높이를 고려한 교육구성과 운영을 하는 것이었다. 그래서 초등학교는 창의체험활동 중심으로, 중학교는 자유학기제에 맞게, 고등학교는 진로체험활동 기반으로 실시하였으며 학부모교실수업을 만들어 자녀와 분리되어 교육받을 수 있게 편성하고 직장인반, 시니어반 및 기초 세미나 등을 개최하도록 하였다.

두 번째 전략은 참가자들의 일정을 고려한 효율적이고 다양한 프로그램 개설을 하였다. 이렇게 전략을 수립한 것이 생각보다 좋은 반향으로 사용자들이 많아지는 계기가 되었다. 평일 오전과 오후, 주말 오전과 오후 등으로 교육 편성을 하였고, 방과 후 동아리반을 만들어 운영하였다. 방과 후 아카데미 8주 과정은 수요에 의해 편성하였는데 학생들에게 큰 인기가 있었다. 주말에는 경험해 보지 못한 체험행사, 예를 들어 드론 날려보기, 제품 만들어 보기, 로봇 시연해보기 등을 실시하였다. 특히 도서의 날, 세계 책의 날, 한글날 등의 기념행사에는 팝업북 등 메이커를 활용한 책과 메이커의 만남을 이루어주는 교육이 효과적으로 진행되었다.

세 번째 전략으로는 대화도서관만의 강점인 메이커 공간을 3개로 구분하여 공간을 활용한 창의융합형 운영을 하는 것이었다. 지하의 창업창의공간에서는 취/창업자들을 위한 메이커기술과 웹툰 특화 교육을 실시하였다. 1층 뚝딱뚝딱 공작실에서는 메이커기술교육과 시제품을 직접 만들어 보는 교육을 실시하고 2층 웹툰스토리창작실에서는 스토리창작을 위한 작가와 멘토링 교육을 실시하였다. 가장 인기 있었던 것 중의 또 하나는 시청각실에서 실시한 취업세미나, 명사초청, 중기청창업정보강의 등이었다.

체험교육은 2시간으로 편성하여 4차산업 미래기술과 메이커체험 기회를 제공하였으며, 학교 대상 미래진로 체험교육 및 주말 가족 단위 및 지역 주민을 위한 체험교육을 실시하여 큰 반향을 일으켰다.

입문교육은 2~4시간으로 구성하여 새로운 콘텐츠에 대한 입문교육을 실시하였다. 주로 청소년들을 위해 방과 후 또는 방학 기간을 이용하여 전문 메이커에 입문할 수 있는 계기를 만들어 주었고, 성인은 평일, 주말 저녁을 이용하여 효율적으로 입문할 수 있는 기회를 제공하였다. 특히 3D프린터, 레이저커터 장비 활용 멤버십 권한 부여를 해줌으로 적극적으로 입문교육에 참여하게 되었다.

중급교육은 8~16시간 동안의 분야별 심화교육 프로그램으로 편성하였다. 입문교육자들이 더 전문 교육을 희망할 시 중급교육에 편성하여 한 단계 업그레이드할 수 있도록 하였다. 3D프린터는 전문모델링 교육을 받게 했으며 드론은 직접 제작 및 비행까지 해볼 수 있도록 하였다.

고급교육은 12~18시간으로 대화도서관 메이커 교육의 핵심교육이라 할 수 있다. 가장 중요한 판단은 대상별 고급 프로그램을 운영하되 철저한 사전 검증을 통해 확실하게 대상자를 구분해야 한다는 것이다. 청소년들에게는 프로젝트학습을 할 수 있도록 전문 멘토링 및 동아리방을 운영하여 교육과 피드백이 같이 진행되도록 해 교육의 질을 높이는 데 포커스를 맞추었다. 성인은 국가에서 실시하는 '3D프린팅산업기사', '3D프린팅기능사' 등의 국가자격증에 응시할 수 있는 수준의 고급교육을 실시함으로 도서관에서 새로운 미래를 준비하는 이들에게 큰 호응을 받았다. 실제로 고급교육을 이수한 후 국자자격증을 취득하고 해당 관련 회사에 취직을 하여 교육자들을 보람 있게 만든 사례가 많이 나왔다.

대화도서관 메이커스페이스 공간을 가장 잘 활용한 것 중 하나는 '자율이용' 시스템을 적용한 것이다. 타 메이커스페이스의 경우는 대부분 공간 활동 및 장비 활용에 대한 제약이 있거나, 장비 활용 전문가가 상주하지 않아 장비들이 활용되지 않는 사례가 많다고 한다. 하지만 대화도서관은 장비 활용 메이커 자율활동을 통해 멤버십으로 쉽게 이용하여 사용자들이 공간과 장비를 효율적으로 이용하도록 하였다. 이러한 것들을 통해 자율창작을 언제든 실천해 볼 수 있는 환경이 조성되었다.

● 체험교육

특히 체험교육은 대상별 학사 일정에 맞춘 2시간 단위 창의융합 실습교육을 주로 실시하였고, 주말 가족 단위, 개인 단위의 체험 수강생을 위한 맞춤형 교육으로 진행하였다. 주변의 초중고 학교에서도 4차산업혁명 시대의 진로변화에 맞춘 진로 탐색 및 기술체험의 교육 요청이 많았다. 체험교육의 내용은 아래와 같이 편성하여 운영하였다.

분야	대상	인원	시간	강사	내 용
3D 프린터	초등	10	2	2	• 3D프린팅 역사와 사례 • 팅커캐드를 활용한 모델링 • 슬라이싱과 출력실습
	중고등	10	2	2	• 3D프린팅 역사와 사례 • 핸드스캔을 사용한 모델링 • 슬라이싱과 출력실습
3D 펜	초등 유아	10	2	1	• 3D프린팅의 적층 원리 이해 • 도안 활용 작품 제작
코딩	초등	10	2	1	• 블록코딩 기초와 이해 • 블록코딩을 활용한 작동제어
	중등	10	2	1	• 스크래치 익히기 • 블록을 활용한 게임 만들기
드론	초등	10	2	2	• 드론의 역사와 원리 • 드론 조립과 비행실습
	중고등	10	2	2	• 드론과 미래직업 • 이착륙, 호버링과 롤백 연습
VR	초등	10	2	1	• VR의 역사와 활용사례 • 온라인 플랫폼 가상현실 제작과 감상
로봇 / IoT	초등	10	2	1	• 로봇과 사물인터넷 역사 • 교구를 활용한 로봇제작실습
웹툰	초등	10	2	1	• 만화 기획 콘티 제작 • 스케치업 기본도구 만들기
	중고등	10	2	1	• 웹툰 작가와 멘토링 교육 • 콘티 제작과 태블릿 그림 그리기

● 입문교육

　입문교육은 체험교육과 조금 다르게 편성을 하였다. 앞에서 말한 바와 같이 초중고 학생의 대상을 확실하게 구분하였고, 방과 후에 청소년 대상을 중심으로 메이커에 대한 입문을 할 수 있는 교육으로 준비하였다, 성인들의 입문교육은 취업준비생, 경력단절여성 및 지역 사회에서 활동하시는 소상공인 등을 포함하였다. 성인 입문자들도 메이커 교육에 대한 기회를 도서관에서 제공해준다는 것에 상당한 고마움을 표시하였다. 입문교육의 커리큘럼 또한 상세하게 구분하여 편성하였다.

분야	대상	인원	시간	강사	내용
3D 프린터 (장비활용 멤버십 과정)	초등	10	4	2	• 3D프린터의 역사와 미래직업 • 123D디자인을 활용한 모델링 • 슬라이싱과 출력실습
	중고등	10	4	2	• 3D스캐너 원리와 사용방법 • 조형 모델링 기법 • 슬라이싱과 출력실습
	성인	10	4~6	2	• 3D프린터의 개요와 원리 • Fusion360을 활용한 디자인 심화 • 모델링자격증(ACU) 특강
레이저 커터 (장비활용 멤버십 과정)	초등	10	4	2	• 레이저커터란? • 아이디어 나누기 • 나의 작품 만들기
	중고등	10	4	2	• 레이저커터란? • 아이디어 나누기 • 나의 작품 만들기

코딩	초등	10	4	1	• 블록코딩 기초와 이해 • 블록코딩 작동제어 • 나만의 작품 만들기
	중고등	10	4	1	• 코딩의 기초와 이해 • 아두이노를 활용한 실습 • 팀별 자유 프로젝트
	성인	10	4~6	1	• 스크래치 기본 기능 익히기 • 예제를 통한 프로젝트 실습 • 팀별 자유 프로젝트 코딩
로봇 / IoT	초등	10	4	1	• 엔트리 이해와 간단한 미션 풀기 • 비트브릭을 활용한 작동제어
	중고등	10	4	1	• 엔트리 기본 실습 및 이해 • 비트브릭을 활용한 기본 프로젝트
VR	초등	10	4	1	• VR의 활용사례와 원리 • 직접 만들어보는 360영상 촬영 • 가상현실 제작과 감상
3D펜	초등	10	4	2	• 3D프린터와 3D펜 원리 • 나만의 작품 만들기
드론	초등	10	4	2	• 드론의 역사와 안전교육 • 안전비행방법
	중고등	10	4	2	• 드론의 역사와 안전교육 • 비행실습 (성저공원 야외 실습)
	성인	10	4~6	2	• 드론의 역사와 원리 • 안전보안 및 조종방법, GPS 수신방법 • 국가 자격증 특강 및 안내

● 고급교육

고급교육의 핵심쟁점은 시간이었다. 청소년을 대상으로 2시간씩 6회를 실시하여 12시간의 고급교육을 이수하게 하는 것이다. 우리는 교육 프로그램의 내용을 세분화해서 강남의 전문학원보다 우수한 교육커리큘럼을 준비하였다. 이 고급교육은 접수를 시작하면 바로 마감이 될 정도로 인기가 있었으며, 교육이수 후 만족도 또한 상당히 좋았다. 어쩌면 지역 사회에서 메이커고급교육으로 정보 격차를 해소하는 데 큰 일조를 했다고 볼 수 있다.

아래 고급교육의 커리큘럼에서 내용을 자세히 살펴봐 주시기를 바란다.

분야	대상	인원	시간	강사	내용
메이커 융합교육	중고등	10	12	2	• 메이커 무브먼트 • 메이커장비 및 SW사용법 숙지 　(레이저커터, 3D프린터 등)
					• 메이커 스피릿 이해 • 메이커장비 다루기 • 창작물 기획하기
					• 팀빌딩, 팀프로젝트 선정 • 아이디어 구상 • 오픈소스 활용 제품제작
					• 조별 제작기기 선정과 장비교육 • 장비별 이해 교육과 프로토타입 　제작해보기
					• 작품보완 • 작품 최종결과물 만들기 • 조별 결과물 발표 및 피칭
					• 작품보완 • 작품 최종결과물 만들기 • 조별 결과물 발표 및 피칭
기술 창의융합 교육	초등(저)	10	12	2	[분야 : AR ＋ 3D프린터] • VR/AR 제작 도구 교육 • 3D프린팅 제작 도구 이해 • 조별 프로젝트 구상(디자인 씽킹) • 조별 프로토타입 발표 • AR 콘텐츠 제작 • 3D데이터 제작 • 작품 제작

				• 강사 멘토링 및 최종 심사 • 조별 결과물 발표 및 피칭
초등(고)	10	12	2	[분야 : IoT+로봇] • 스마트시티 구현을 위한 아이디어 회의, 기기 선정 • 스케치해 보기, 강사 평가 • IoT(다양한 센서 익히기) • 스마트시티 제작 실습1 • 중간 평가 및 발표 • 프로토타입 제작 실습 • 스마트시티 제작 실습2 • 조별 결과 발표 및 피칭
중고등	10	12	2	[분야 : 드론+3D프린터] • 드론 제품개발 강의 • 드론 원리 이해 • 드론 제작 1차 실습 • 창작 드론 기획 • 3D프린터 모델링 • 3D프린팅 • 프로토타입 제작 실습 • 시제품 제작 및 스튜디오 촬영 • 조별 결과 발표 및 피칭

고급교육에서 성인들을 대상으로 실시한 '3D프린터 국가자격증 과정'은 도서관 이용자 및 지역의 취준생들에게 인기가 꽤 높았던 과정이며 지금도 여전히 진행 중이다.

분야	대상	인원	강시	내용
3D프린터 (국가자격증)	성인	10	1	• 3D프린터의 원리 및 안전교육 • 3D출력을 위한 3D모델링 • 3D프린터 장비 설정 및 출력 • 3D프린터 AS 유지보수
3D프린터 (국제 인증자격증)	중고등	10	1	• Fusion360 기능 익히기 • 치수설계에 따른 모델링 기법 • 3D프린터 출력에 따른 수정보완 • 시뮬레이션 적용하기
3D프린터 (전문교강사)	성인	10	1	• 3D프린터 동향 • 3D프린터 출력을 위한 3D모델링 • 3D프린터의 동작원리 • 슬라이싱 및 출력 • 제품 만들기

저자에게 메이커 교육을 통해 가장 보람 있는 것이 어떤 것이었냐고 누군가 물어본다면 자신 있게 말할 수 있는 것이 있다. 바로 '메이커&북패밀리 페스티벌'이라고 할 것이다. 신록의 푸르름이 묻어나는 2019년 5월 18일 대화도서관의 특별행사가 시작되었다.

지역 주민들에게 생소한 메이커문화를 알리고 직접 그들이 참여할 수 있는 기회를 마련하고자 성대하게 개최하게 되었다. 아마도 국내 지역도서관 행사 중 가장 크게 진행되지 않았나 생각해본다. 3D프린터를 활용해서 아이언맨의 전체 슈트를 제작해서 착용한 '3D아이언맨'이 나타나자 행사장은 아이들의 탄성과 환호로 가득 찼다. 아이언맨과 기념촬영을 가족들과 같이 할 수 있는 포토존을 만들고, 3D프린터로 만든 도구로 비눗방울 날리기, 4차산업혁명 메이커스페이스, 웹툰 관련 북큐레이션 공간도 만들었다. 실내 행사로는 3D프린터로 메이커체험을 하게 하였으며, 3D펜 체험하기, 드론 가상비행체험, 드론 자율주행경진대회가 구성되었고, 실외 행사로는 가상현실(VR)가족체험, 증강현실체험, 동물 폼폼 메이커체험, 가족 웹툰체험, 3D입체퍼즐체험, 가죽메이커체험, 압화갈피체험, 페이스페인팅 체험 등 다채롭게 진행되었다.

또 하나의 큰 행사로는 '고양드론경진대회'에 참가한 것이었다. 대화도서
관의 메이커스페이스 공간으로만 머물지 않고 지역 사회의 행사 등에 적극 참
여하여 그동안 배웠던 것을 알리고 전달하는 매개 역할도 하였다. 고양드론경
진대회는 2019년 11월 6일 한국항공대학교 대운동장에서 실시하였으며 '평화
를 품고 미래로 날다'라는 주제로 4차산업혁명 시대를 선도하는 무인 이동체
드론을 좀 더 가까이 체험할 수 있는 시민축제로 실시되었다. 다양한 프로그
램들이 진행되었으며 드론 크래프트, 미니드론레이싱, 미니드론미션경기, 드론
시뮬레이션, 드론 3D VR 체험, 고정익 만들기 등 다양한 체험이 실시되었다.

프로그램 결산 및 만족도 설문조사

위에서 열거한 다양한 프로그램들을 4년에 걸쳐 실시하며 다양한 프로그램들에 변화를 주었다. 먼저 2019년 결산을 통해 확인해 보니 학교프로그램은 49회 실시, 성인프로그램은 56회 실시, 특별프로그램은 3회 실시, 가족프로그램은 8회 실시, 일반프로그램은 119회 실시 등 전체 235회의 다양한 프로그램 실시로 지역사회에 작은 4차산업 변화를 가져오는 계기가 되었다고 생각한다.

2020년에는 3D프린터 90회, 3D펜 3회, 코딩 68회, VR 16회, 웹툰 20회, 아두이노 17회, 팝업북 10회, 새롭게 추가된 인공지능 11회, 조형드로잉 6회 등 243회의 프로그램을 운영하였다.

2021년에는 3D프린터 30회, 코딩 90회, 웹툰 26회, 메이커 34회, 인공지능 16회, 멘토링 2회, 특강 1회, 장비교육 4회 등을 포함하여 전체 234회의 프로그램을 운영하였다.

2022년에는 3D프린터 51회, 코딩 64회, 웹툰 27회, 메이커융합 55회, 로봇 7회, 1인크리에이터 8회, 미디어교육 9회, 행사 14회 등을 포함하여 전체 304회의 프로그램을 운영하였다.

4개년 동안 1,000번이 넘는 프로그램이 실시되었고, 수천 명이 넘는 인원이 메이커의 교육 혜택을 받았다. 어찌 지역도서관의 작은 반란이 아니겠는가?

또 하나의 중요한 지표를 말하고자 한다. 프로그램 실시 이후에 이용자들의 만족도 설문조사에 집중하였다. 그 이유는 새로운 프로그램을 만드는 것에 대한 기회를 찾는 것이었고, 또한 더 나은 프로그램을 운영하기 위한 계획이었기 때문이다. 다행히 설문자들은 자신의 감정을 솔직하게 작성하였고, 매년 새로운 교육 프로그램 편성 및 강사 운영에 많은 도움을 주었다.

설문 문항에 대해서는 교육내용과 강사 등 5가지 항목으로 실시하였다.

항목	구　분
1. 교육내용	1-1. 교육내용은 유익하였습니까?
	1　2. 교육시간은 적절하였습니까?
2. 강사	2-1. 강사의 수업진행 방식은 적절하였습니까?
	2-2. 강사는 성실하게 수업을 진행했습니까?
3. 교육환경	3-1. 교육장의 시설, 청결 상태는 만족스러웠습니까?
	3-2. 수업에 필요한 장비(기자재)는 적절하였습니까?
4. 수업지원	4-1. 출석관리는 잘 이루어졌습니까?
	4-2. 교육을 위한 기자재(노트북, 프린터, 재료 등) 지원이 잘 이루어졌습니까?
5. 수업만족도	5-1. 참여한 프로그램이 전반적으로 만족스러웠습니까?
	5-2. 다음 기회가 된다면 또 참여하시겠습니까?

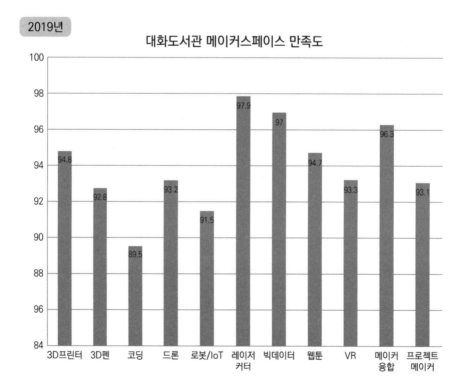

2019년

대화도서관 메이커스페이스 만족도

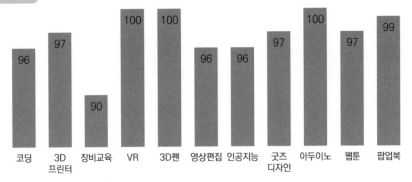

2020년

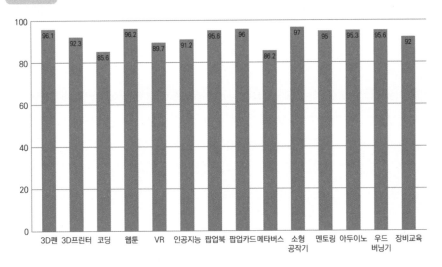

2021년

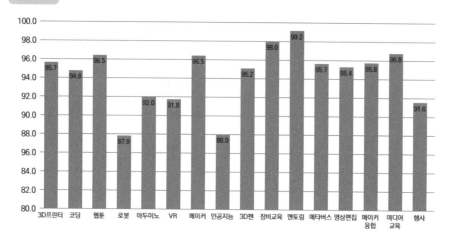

2022년

프로그램 소감

　우리에게 중요한 설문의 핵심은 각 교육 프로그램별 소감에 대한 것이었다. 책에 소감내용까지 기록을 해야 하나 망설임이 있었지만, 아직도 지역도서관의 여러 곳에서 이런 프로그램이 얼마나 도움이 될까 고민할 때 참고삼아 보시라고 내용을 적기로 했다. 학생들이 남긴 소소한 의견과 감성이 발전되어 각 지역에 새로운 창의메이커를 만들어 낸다면 지역 사회뿐 아니라 국가적으로 큰 이득이 될 것이라 확신한다.

● 3D프린터

1　3D프린트 교육을 처음 접하는데 친절히 교육해주신 덕분에 유익한 교육을 받을 수 있어서 너무 좋았습니다.

2　평소 쉽게 접하질 못했던 3D작업을 해보고 여러 작업을 해봐서 새로웠다.

3　3D프린터라는 것을 항상 듣기만 하고 경험을 한 적은 없었는데 실제로 하면서 좋은 경험을 했던 것 같다.

4　3D프린터란 게 가격도 있고 사용방법도 어려운데 모델링 프로그램 기능을 알고 사용해보는 시간도 가질 수 있었고 선생님이 친절히 빠르지 않게 잘 따라갈 수 있도록 도와주셔서 좋았다.

5　3D프린터를 직접 체험해 볼 수 있어서 좋았다.

● 드론

1 실전연습 시 일대일 맞춤으로 눈높이에 맞게 잘 가르쳐줘서 이해가 쉬웠습니다. 전혀 모르는 드론에 대해 잘 배우고 실습해 볼 수 있어서 좋았습니다.

2 드론 체험을 처음 해보았는데 즐거웠습니다. 짧은 시간이라 아쉬웠지만 다음에 기회가 된다면 조금 더 깊게 배워보고 싶어요!

3 안전에 대해 잘 알게 되어 유익하였고 드론을 쉽게 접하고 자신감을 갖게 되었습니다.

4 드론에 잘 몰랐는데 잘 알게 되고 드론에 직업도 있는지 알게 되었다.

5 드론을 실제로 조종해보니 무서웠고 생각보다 어려웠다. 하지만 나중에는 잘 조종할 수 있었다.

● 코딩

1. 스크래치로 재밌는 게임을 만들 수 있다는 것이 신기해서 다음에 또 해도 좋을 만한 스크래치 교육이었다.
2. 코딩체험이 재미있어서 다시 하고 싶다.
3. 옛날에 코딩을 배웠는데 이번 시간에 더 새로운 것을 해서 좋았어요.
4. 코딩에 대해 배우고 많은 장비를 배울 수 있어 좋은 경험이었습니다.
5. 초코파이는 처음 해봤지만 재밌었다.

● 로봇/IoT

1. 비트브릭을 활용한 체험을 통해 평소 관심이 있던 로봇 분야에 대해 더 잘 알게 되어서 좋다.
2. 로봇체험을 통해 로봇에 대해 더욱더 배우게 됐고 재미있었다.
3. 로봇을 만들어서 재미있었고 새로운 경험을 해서 재미있었다.
4. 교육시간이 조금 더 늘어났으면 좋겠다.
5. 재미있었지만 시간이 부족하다고 생각한다.

● VR/AR

1   가상현실을 배워서 좋았고 신기했다.

2   재미있었는데, 시간이 부족했다. 더 하고 싶다.

3   오늘 AR&VR 체험이 많이 만족스러웠어요.

4   VR을 처음 경험해 봤는데 신기하고 재미있었습니다. 특히 역사 콘텐츠로 체험
    해서 짧은 시간 강렬한 방법으로 배워 유익했습니다. 좋은 강의 감사합니다.

 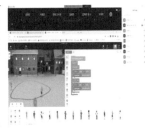 

● 장비활용메이커

1 더 많은 교육 기회가 있으면 좋겠습니다.

2 너무 좋은 교육입니다. 초급, 중급, 고급 과정이 상세하면 더욱 많이 수강하겠습니다.

3 심화도 만들어 주세요.

4 초보자도 이해할 수 있도록 강사님께서 매우 친절하게 설명해 주셔서 인상 깊은 교육이었습니다.

5 레이저커터로 할 수 있는 작업에 이해도를 넓힐 수 있는 기회가 되었습니다.

● 3D펜

1 재미있고 또 하고 싶다.

2 다음부터 더 어려운 걸 만들고, 더 재미있게 할 것이다.

3 재밌고 이런 경험을 할 수 있다는 게 좋았고 직접 만드니까 더 재미가 있다.

4 또 하고 싶다.

5 재미있었고 시간을 더 늘렸으면 좋겠다.

● 웹툰

1. 재미있는 수업이었습니다. 다음 강의 기다리겠습니다.
2. 시간 없음. 재료 부족. 재미는 있음. 즐거움. 신기함.
3. 재미있었다. Fun!!! Fun!!!
4. 아주 재밌었어요!

● 아두이노

1 재미있었습니다.

2 너무 재미있었습니다.

3 천천히 진행되어 여유롭게 실습해 볼 수 있어서 좋았습니다. 코로나가 심해지니 온라인수업 많이 개설해주셨으면 합니다.

4 감사합니다. 오프라인 수업도 병행하면 좋을 것 같아요.

5 자꾸 해보니 이해할 수 있게 되었어요. 감사합니다.

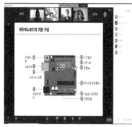 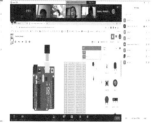 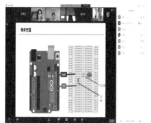

● 인공지능

1 시간이 좀 더 많았으면 좋겠다.

2 연령대보다는 체험수업 같은 걸로 실력으로 반을 나누면 좋겠고 또 카톡방을 만들면 좋겠다.

3 시간이 좀 더 많았으면 좋겠다.

4 재미있다.

5 어린이들에게 교육적인 거 같다.

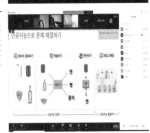

● 팝업북 만들기

1 재미있었고 팝업카드를 만든 것이 참 좋았다. 앞으로 또 하고 싶다.

2 하늘만큼 땅만큼 재미있었어요.

3 아이들과 유익한 시간이었고 팝업북의 기본 개념을 알 수 있어서 좋았어요.

4 아이도 부모도 매우 만족스러운 수업이었습니다.

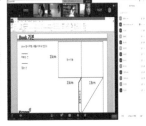

● 영상편집

1 교육시간이 짧게 느껴질 만큼 빨리 지나갔어요. 다음에 또 듣고 싶습니다.

2 premiere 프로그램을 온라인, 유튜브 강좌로 보게 되면 더 어렵게 느껴져서 힘들었는데 직접 선생님의 수업들 들으며 예제도 살펴봐서 좋았습니다.

3 지속적인 수업이 진행되었으면 좋겠습니다. 요즘 시대에 아주 유익한 교육이었던 것 같습니다.

4 영상편집도 수준별로 해주세요.

5 자세히 알려주시고 연습 시간도 주셔서 너무 쫓기지 않고 할 수 있었어요. 프로그램 기획해주신 도서관 측과 선생님, 정말 감사합니다^^

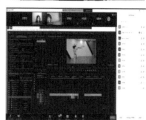

● 굿즈디자인

1 강사님이 자세히 설명해 주셔서 정말 감사합니다. 아쉬운 점은 실제로 만들어 볼 수 있는 기회가 있었으면 좋을 거 같습니다.

2 많은 것을 알려주셨는데 다 소화하기에는 시간이 부족했네요. 더 많은 수업시간이 있었으면 좋겠습니다. 선생님 고맙습니다. 수고하셨어요. 다음에 봬요~

3 코로나가 끝나고 다음엔 실물로 만들어 볼 수 있었으면 좋겠습니다. 정말 유익한 수업이었습니다.

4 강사선생님 차분히 열강해 주셨습니다. 좀 더 많은 시간 배웠음 좋겠습니다.

5 수업 차수 늘려서 더 많이 배우고 싶습니다!!

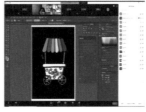

● 개발산업기사

1 수업시간이 짧아서 아쉬워요. 덕분에 필기는 합격했습니다.

2 수업을 조금 더 해주시면 좋겠습니다.

3 실기까지 합격하고 싶어요.

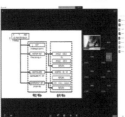

● 책놀터

1 너무 재미있었어요.

2 너무 좋았고 재미있었다.

3 너무 재미있었고 또 하고 싶다.

4 재미있었는데 시간이 부족해요.

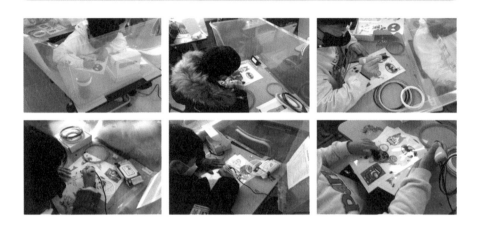

● 멘토링

1 멘토님 최고! 굉장히 꼼꼼하게 잘 설명해 주시고 전문성이 엄청나세요.
고민하던 부분이 모두 해결되었습니다. 많은 도움이 되었습니다. 감사합니다!

2 경험을 바탕으로 한 실질적인 조언을 들을 수 있어 좋았습니다.
성심성의껏 얘기해주신 멘토분께 감사합니다!

● 메타버스

1 너무 재밌었다. 다음에 또 하면 좋을 것 같다.

2 친구들과 만들어 함께해보고 싶다.

3 교육시간을 늘려 주세요.

4 이전부터 메타버스에 관심이 있었는데 그래서 그런지 정말 재밌었다.

5 재밌다.

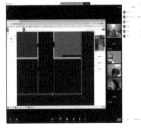

● 1인 크리에이터

1 수고하셨습니다. 다양한 기능을 짧은 시간에 알려주시느라 고생하셨습니다.
   많이 배웠습니다. 감사합니다.

2 프로그램 연습을 위해 자율 사용 시간을 보장해주시면 좋겠습니다.
   개별 연습시간 신청 가능하게요.

3 더 많이 배우고 싶은데 기간과 시간이 너무 짧네요.
   다음 단계도 계속 있었으면 좋겠어요.
   너무 재밌게 배울 수 있어서 유익하고 좋은 시간이었습니다. 또 하고 싶어요.

4 시간이 부족하여 좀 더 시간을 늘렸으면 좋겠습니다.

● 테마별 만들어보는 DIY

1 실로 만든다는 게 신기했고 너무 재미있었다.

2 덕분에 아이들과 함께 좋은 시간 보냈습니다. 강사님이 너무 친절하셔서 기분
   좋게 행복하고 여유 있게 잘 만들었습니다. 칭찬합니다!

3 직접 연필꽂이를 만드니까 재밌고 신기했다.

4 연필꽂이가 예뻐서 마음에 든다.

5 귀한 시간 내주셔서 감사합니다. 시간이 된다면 또 참여하고 싶어요.

3. 변화의 시작, 대화도서관

저자 본인이 글을 쓰고 있는 지금, 현재 이 시대의 가장 큰 화두는 무엇일까를 생각해본다. 생성형AI, 즉 Chat GPT를 중심으로 세계에서 생성형AI에 대한 정보들이 연일 쏟아지고 있다. 저자인 본인도 궁금해서 Chat GPT에게 한 가지 질문을 해보았다.

"작은 지역도서관이 지역 사회에 영향을 미치고 싶다면?"이라고 질문하자 다양한 답변들을 쏟아냈다. 여러 가지 내용이 있지만 이 내용이 가장 마음에 와 닿아서 남기고자 한다. "투명하고 개방적인 커뮤니케이션을 유지하고, 도서관 서비스에 대한 피드백을 수집하여 개선 사항을 지속적으로 만들어 보시기 바랍니다."

지난 4년 동안 대화도서관에서 실제 진행했던 다양한 프로그램들과 체험한 사람들의 진솔한 후기까지 살펴보았다. 앞에서의 사례들을 통해 대화도서관이 동네와 사람들, 그리고 그 사람들이 살아가는 삶을 변화시켰다는 사실이 자명하다. 아니면 작은 삶의 변화의 도화선이 되었을 수도 있다고 생각한다.

시대는 급변하고 있지만 어쩌면 지역의 작은 동네 도서관은 변화하고 있지 않을 수 있다. 변화되고 싶지만 구체적으로 어떻게 변화되어야 할지 모르는 것이 대부분이다.

작은 희망의 마음으로 본 책을 집필하면서 대화도서관 변화에서 그치지 않고, 우리나라 곳곳에 있는 수많은 지역의 동네 도서관들을 통해 그들이 속한 지역이, 사람들이, 그리고 다양한 삶의 모습이 변화되기를 꿈꾼다.

오랜 세월이 흐른 후에 성공한 기업가, 정치가, 과학자, 역사학자 등이 이렇게 한마디 한다면 그동안의 수고에 큰 위로가 될 것 같다.

"나를 변화시킨 건 우리 동네 작은 도서관이었다."라고….

나가며

나가며

　대화도서관의 끊임없는 발전과 성장은 '공공도서관 메이커스페이스 조성 모범 사례'로 소개되었다. 언론 매체에 소개된 것도 여러 번이다. 덕분에 이 성공사례를 벤치마킹하기 위해 전국 각지의 공공도서관과 구의회, 국립대학교 등에서도 꾸준히 방문을 이어가고 있다. 모두 감사한 일이지만, 무엇보다 기뻤던 점은 대화도서관이 모범 사례가 되었다는 사실보다 '공감'이라는 선물이었다. 2018년, 처음 대화도서관의 공간 혁신을 꿈꾸었을 때 많은 곳에서 공감을 얻지 못했던 기억이 있다. 공공도서관의 역할에 대한 우리의 고민이 관철되지 않는다는 생각에 좌절감을 느꼈던 경험도 있다. 하지만 약 4년이 지난 지금, 그간의 고민과 노력에 다수의 도서관이 공감하고 있고, 공공도서관의 새로운 역할과 공간 변화에 대해 많은 분이 같은 길 위에서 고민하고 있다. 이러한 사실이 우리를 매우 고무적으로 만들어 주고 있는 것도 사실이다.

　공공도서관의 변화. 그 정답이 무엇일지는 누구도 알지 못한다. 어찌 보면 우리가 이렇게 성공적으로 대화도서관을 변화시키고 운영해 온 내용이 어디에나 적용되는 모범 답안이 아닐 수 있다. 그래서 대화도서관을 벤치마킹하고자 방문하시는 모든 분께 말씀드리는 것이 있다. 바로 '특성 맞춤화'이다. 각 도서관은 그 도서관이 가지고 있는 특성과 개성이 있다. 도서관이 마주하고 있는 현실과 상황도 있다. 이러한 요소들은 변화에 앞서 가장 먼저 고려되어야 할 사항들이다. 아무리 벤치마킹해도, 각 도서관의 특성을 외면한 채 외관만 단장해서는 본질적인 변화를 만들어내기 어렵다.

공공도서관의 공간이 변화해야 한다는 사실은 분명하다. 하지만 그에 앞서 자신들이 현재 발 딛고 서 있는 도서관을 둘러보았으면 좋겠다고 생각한다. 현재 내가 서 있는 여기에서, 어떻게 나아가야 할지 방향성을 모색했을 때 최선의 결과가 나오는 것 아닐까? 이 글을 쓰며 4년 전 치열하게 고민하고 좌절하면서도 동시에 즐거웠던 나날들이 떠올랐다. 결과적으로 그런 고민의 순간이 있었기에 지금이 있다고 본다. 필자는 도서관 전문가로서 지금껏 해왔던 것처럼 대화도서관을 업그레이드해 나가는 일에 협력하면서, 앞으로는 다른 도서관의 변화를 돕는 일에도 힘쓸 계획이다. 이를 통해 고양시 지역 주민뿐만 아니라, 더 나아가 대한민국 국민의 지식과 정보 역량의 격차가 없어지기를 기대한다. 이렇게 한 걸음씩 나아가다 보면, 도서관은 국민의 성장 아고라가 되지 않을까? 조심스럽게 상상해 보며, 공공도서관과 함께 성장해 나가는 국민의 이미지를 그려본다.

[참고문헌]

1. 김영석, 「우리나라 공공도서관의 이용변화 추이 분석 및 대응방안 연구」, 『한국도서관정보학회지』 Vol.52, 한국도서관정보학회, 2021
2. 장윤금, 「공공도서관 메이커스페이스 구성 및 프로그램 분석 연구」, 『한국문헌정보학회지』 Vol.51, 한국문헌정보학회, 2021
3. 클라우스 슈밥 저, 송경진 역, 『클라우스 슈밥의 제4차 산업혁명』, 새로운현재, 2016
4. 미국 도서관 공간 혁신 관련 자료
   (https://www.urbanlibraries.org/resources/makerspaces-in-libraries)
5. 문화체육관광부 보도자료, 「다양화, 전문화 시대에 도서관이 특별해진다」, 2017.06.02.
   https://www.mcst.go.kr/kor/s_notice/press/pressView.jsp?pSeq=16069

저자 소개

한준섭

힘들고 어려울 때 나를 지켜주고 변화시켜준 건 지역도서관이었다.
빌 게이츠도 "오늘날의 나를 만든 것은 마을의 도서관이었다."라고 회고했다.
세상이 급변하고 있으며, 지역 사회 정보 격차 해소를 위해 도서관에도 변화가 필요하다.
대화도서관의 메이커스페이스 운영사로 활동하며 목표는 오직 한 가지, '미래도서관'
이었다. 그 작은 서막이 대화도서관에서 시작되기를 바라는 마음에 책을 집필한다.

한양대학교 경영학과를 졸업하였으며, 서강대학교 메타버스최고 최고경영자과정을
수료하였고, 현재 AI솔루션 전문기업 주식회사 지미션의 대표 및 4차산업 전문기업
글로벌창업연구소의 대표로 활발하게 현업에서 활동하고 있다.

이용택

동국대학교 영어영문학과를 졸업하였으며, 현재 고양시청 전략산업과 드론산업팀장,
일산서구 문화가 함께하는 벽화거리 조성사업, 전국최초의 트랜스포머형 이동도서
관(책놀터) 제작 및 운영, 도서관 내 공유형 창업·창의 공작소 운영(웹툰스토리창작
실, 메이커스페이스, 창업인프라), 고양시 드론산업추진(고양드론앵커센터, 고양대덕
드론비행장, 고양시 UAM산업, 항공모빌리티박람회 등) 등 활동하고 있다.

백귀종

서강대학교 정보통신대학원을 졸업하였고, 과거 대화도서관 메이커스페이스 운영을
담당했다. 현재는 소프트웨어 프로그램 개발을 위해 준비하고 있다.

나를 변화시킨 건 동네 작은 도서관이었다: 함께 변화하는 대화도서관

초판발행	2024년 3월 13일
지은이	한준섭 · 이용택 · 백귀종
펴낸이	안종만 · 안상준
편 집	김다혜
기획/마케팅	장규식
표지디자인	Ben Story
제 작	고철민 · 조영환
펴낸곳	(주)**박영사**
	서울특별시 금천구 가산디지털2로 53, 210호(가산동, 한라시그마밸리)
	등록 1959. 3. 11. 제300-1959-1호(倫)
전 화	02)733-6771
f a x	02)736-4818
e-mail	pys@pybook.co.kr
homepage	www.pybook.co.kr
ISBN	979-11-303-1751-9 03020

정 가   15,000원